AF229610

DES ÉGLISES

ET AUTRES
ÉDIFICES DU CULTE CATHOLIQUE.

CLASSEMENT DOMANIAL ;
ÉDIFICES RELIGIEUX DU DOMAINE PUBLIC ;
ÉDIFICES RELIGIEUX DU DOMAINE PRIVÉ ; DROITS DE L'ÉTAT,
DES COMMUNES ET DES FABRIQUES ; INALIÉNABILITÉ ; PRESCRIPTION ;
POSSESSION ; SERVITUDES ; CONTREFORTS ; BANCS ET CHAPELLES ;
ACTIONS EN JUSTICE ; TRAVAUX ET DÉPENSES
DE RÉPARATIONS ET RECONSTRUCTION ;
EXPROPRIATION ; DÉGRADATIONS ;

AVEC NOTES

PRÉSENTANT LE TABLEAU COMPLET DE LA JURISPRUDENCE DU CONSEIL
D'ÉTAT, DE LA COUR DE CASSATION, DES COURS IMPÉRIALES,
ET LA DOCTRINE DES AUTEURS ;

PAR

M. TH. DUCROCQ

Professeur de Droit administratif à la Faculté de Poitiers,
Avocat à la Cour impériale,
Membre correspondant de l'Académie de législation de Toulouse.

POITIERS
HENRI OUDIN, LIBRAIRE-ÉDITEUR

PARIS	PARIS
A. DURAND, LIBRAIRE,	E. THORIN, LIBRAIRE
7, RUE CUJAS, ANC. RUE DES GRÈS.	58, BOULEVARD SAINT-MICHEL.

1866

34058

DES ÉGLISES

ET AUTRES ÉDIFICES

DU CULTE CATHOLIQUE.

POITIERS. — TYPOGRAPHIE DE HENRI OUDIN.

DES ÉGLISES

ET AUTRES

ÉDIFICES DU CULTE CATHOLIQUE.

CLASSEMENT DOMANIAL ;
ÉDIFICES RELIGIEUX DU DOMAINE PUBLIC ;
ÉDIFICES RELIGIEUX DU DOMAINE PRIVÉ ; DROITS DE L'ÉTAT,
DES COMMUNES ET DES FABRIQUES ; INALIÉNABILITÉ ; PRESCRIPTION ;
POSSESSION ; SERVITUDES ; CONTREFORTS ; BANCS ET CHAPELLES ;
ACTIONS EN JUSTICE ; TRAVAUX ET DÉPENSES
DE RÉPARATIONS ET RECONSTRUCTION ;
EXPROPRIATION ; DÉGRADATIONS ;

AVEC NOTES

PRÉSENTANT LE TABLEAU COMPLET DE LA JURISPRUDENCE DU CONSEIL
D'ÉTAT, DE LA COUR DE CASSATION, DES COURS IMPÉRIALES,
ET LA DOCTRINE DES AUTEURS ;

PAR

M. TH. DUCROCQ

Professeur de Droit administratif à la Faculté de Poitiers,
Avocat à la Cour impériale,
Membre correspondant de l'Académie de législation de Toulouse.

POITIERS

HENRI OUDIN, LIBRAIRE-ÉDITEUR

PARIS

A. DURAND, LIBRAIRE,
7, RUE CUJAS, ANC. RUE DES GRÈS.

PARIS

E. THORIN, LIBRAIRE
58, BOULEVARD SAINT-MICHEL.

1866

La faveur générale avec laquelle a été accueillie l'intéressante Conférence que M. Théophile Ducrocq vient de faire à Angoulême devant un auditoire de plus de cinq cents personnes où les magistrats, les administrateurs, les ecclésiastiques, les membres du barreau, de nombreux fonctionnaires, se mêlaient aux hommes du monde, nous a fait penser que nous accomplirions une œuvre utile en publiant ce travail substantiel.

Toutes les questions si diverses, si délicates et si pratiques que soulève la domanialité des édifices religieux s'y trouvent groupées et résolues ; tous les principes s'y trouvent exposés.

Nous avons cru devoir conserver à ce travail sa forme première.

Mais l'auteur a bien voulu y ajouter des

notes considérables, qui forment plus de la moitié de la publication, et présentent en entier le tableau de la jurisprudence du Conseil d'Etat, de la Cour de Cassation et des Cours impériales, et de la doctrine des auteurs.

Avec ces notes justificatives et complémentaires le travail que nous publions forme sur cette importante matière une monographie complète.

Nous avons cru, pour faciliter les recherches, devoir y ajouter une Table des matières.

DES ÉGLISES

ET

AUTRES ÉDIFICES DU CULTE CATHOLIQUE.

————◦————

Mesdames,

Messieurs,

En revenant au milieu de vous, avec l'honneur d'inaugurer dans Angoulême les conférences de 1866, je ne puis me soustraire au souvenir des conférences de 1865 et de l'accueil hospitalier que nous fit cette cité, entrée l'une des premières de France, avec un noble zèle, dans les voies nouvelles libéralement ouvertes à l'enseignement public.

C'est avec un véritable plaisir que je me retrouve devant cet auditoire avec lequel j'ai déjà eu l'avantage d'entrer en communication d'idées. Il m'inspire une confiance toujours utile, mais qui m'est plus nécessaire aujourd'hui, en raison des difficultés et du caractère propres au sujet de cette conférence.

C'est ce sujet, Mesdames, qui me vaut l'honneur de votre présence au premier rang de cet auditoire ; j'en suis redevable à la destination

1

pieuse des édifices dont je vais parler, et dans lesquels vous êtes habituées à porter à Dieu le tribut de vos prières.

Mais le temporel de ces édifices, leur domanialité, doivent seuls nous occuper ; et je ne voudrais pas, en voilant au début le caractère purement juridique qui doit appartenir à cette conférence, vous faire concevoir des espérances que l'ennui viendrait plus tristement dissiper.

Cependant, Mesdames et Messieurs, je ne vous dissimulerai pas qu'en choisissant pour thème la domanialité des églises, je me suis flatté d'aborder un sujet qui, tout scientifique, austère et grave qu'il est et qu'il doit être, peut intéresser à la fois l'homme du monde et le jurisconsulte, le citoyen et le fidèle, l'administrateur et l'administré, le clergé catholique et les pouvoirs publics.

J'ai pensé (et cette salle remplie me fait espérer que je ne me suis pas trompé) que tous nous pouvions être désireux de connaître la situation légale, le régime domanial, — et de ces magniques basiliques, dont la grandeur monumentale forme une des gloires de notre pays, — et de ces églises moins grandioses, non moins précieuses au point de vue de l'art, que les âges passés ont léguées aux générations futures et qui ont également traversé les siècles pour venir jusqu'à nous, — et de ces églises moins belles, parfois humbles et pauvres dans nos villes et surtout dans nos campagnes, ayant toutes la même destination et ayant droit à la protection des mêmes principes, — de toutes ces églises enfin dont notre époque a vu et voit encore la France se couvrir comme d'*une blanche couronne* dont d'autres ont avant nous constaté le développement.

Comment nos lois déterminent-elles le régime domanial de toutes ces églises et des autres édifices du culte catholique ?

Je vais essayer, dans les limites de cette conférence, de vous présenter le tableau simple, impartial et fidèle de cette partie de nos lois.

Pour le faire avec plus de méthode, nous vous demanderons la permission, malgré le caractère didactique de ce procédé, de diviser cette conférence en six parties.

1° Dans la première, nous rappellerons les principes généraux de la domanialité et nous ferons leur application aux divers édifices religieux ;

2° Dans la seconde, nous déterminerons les églises formant dépendances du domaine public ;

3° Nous ferons ensuite le classement domanial des édifices religieux suivant qu'ils sont diocésains ou paroissiaux ;

4° Nous montrerons en quatrième lieu les conséquences pratiques de la domanialité publique des églises ;

5° Puis nous traiterons des actions qui les concernent ;

6° Et enfin des travaux et dépenses de réparations et de reconstruction.

I

J'aborde le premier point, à savoir l'exposé des principes généraux de la domanialité et l'application qu'il convient d'en faire aux édifices religieux.

Les lois qui président à cette matière délicate sont de deux sortes : les unes sont des lois spéciales au culte ; les autres sont les lois générales de la domanialité et surtout le code Napoléon qui en détermine, avec trop de laconisme, les conditions et les effets.

Suivant nous, c'est dans ces principes généraux de la domanialité qu'il convient de placer le point de départ de toute étude juridique sur les édifices religieux. L'oubli de ces principes nous paraît avoir engendré des confusions, des équivoques, certaines controverses, qui devraient disparaître à la lumière de ces principes tutélaires et de la légitime satisfaction qu'ils donnent à tous les intérêts.

Il existe en France deux sortes de domaines : le domaine public et le domaine privé.

Le domaine public est réparti entre les trois unités administratives du pays : l'État, le département et la commune.

Dépositaires des diverses portions du domaine public, dans l'intérêt social et en tant qu'organes de la puissance publique sous ses divers aspects, l'État, le département et la commune sont en outre des personnes morales, propriétaires d'un domaine privé formé d'éléments analogues à ceux dont se compose la fortune des citoyens.

Il y a donc :

Un *domaine national*, se divisant en *domaine public* et *domaine privé de l'État*.

Un *domaine départemental*, se divisant en *domaine public* et *domaine privé du département*.

Un *domaine communal*, se divisant en *domaine public* et *domaine privé de la commune*.

Les dépendances du domaine public national (routes impériales, fleuves et rivières navigables, rivages de la mer, ports, havres, rades, canaux de navigation, chemins de fer), du domaine public départemental (routes départementales), du domaine public communal (chemins vicinaux, routes et rues), ont pour caractère distinctif d'être insusceptibles de propriété privée.

L'État, le département et la commune ne les possèdent pas propriétairement; ils n'en ont que la garde et la surintendance; ils n'en sont que les conservateurs dans l'intérêt de la société française, qui a la libre jouissance de ces choses, conformément à la destination de chacune d'elles.

Aussi le domaine public national, départemental ou communal, est-il doté d'un privilége exorbitant, d'une garantie exceptionnelle, celle de l'indisponibilité. Il est inaliénable, imprescriptible, insusceptible de possession, de servitude, d'hypothèque, en raison de sa destination publique et dans l'intérêt des générations futures ainsi protégées contre

le danger des empiétements et des usurpations
que la génération présente pourrait avoir le tort
de laisser accomplir.

Voilà ce qu'est le domaine public.

Le domaine privé de l'État, du département et
de la commune, est au contraire, comme celui des
simples citoyens, soumis au droit commun de la
propriété privée.

Tels sont, en résumé, les principes généraux de
la domanialité, tels qu'ils résultent du code
Napoléon [1], complété par nos lois administratives.

C'est dans ce cadre, Messieurs, qu'il faut déterminer la place appartenant aux édifices publics,
et en particulier aux édifices religieux, qui doivent
seuls nous occuper.

Les édifices affectés aux services publics de l'État,
du département et de la commune, ne font point
partie du domaine public national, départemental
et communal, par le seul effet de leur affectation.
L'article 538 du code Napoléon et les lois qui
régissent l'affectation à un service public leur
refusent les caractères et les priviléges de la domanialité publique ; c'est du moins ce que nous pensons, en compagnie de savants auteurs et d'excel-
lents arrêts ; nous n'avons pas à insister autrement ici sur ce point de droit [2].

[1] Articles 537, 538, 539, 544, 1598, 2226 et 2227.

[2] Il est développé d'une manière approfondie dans notre
*Traité des édifices publics d'après la loi civile, administrative et
criminelle.*

Car, ce qu'aucun texte général n'a voulu faire, sans distinction et sans mesure, pour toute cette masse d'édifices publics nationaux, départementaux et communaux, si divers d'aspect, plus divers encore de destination, répandus sur toute la surface du territoire, des textes spéciaux ont pu le faire pour quelques édifices.

Ces textes ont pu mettre hors du commerce et des transactions civiles, en raison de la nature particulière de leur destination publique, certaines catégories d'édifices.

C'est ce que les lois sur la dotation de la couronne [1], sous tous les régimes politiques, ont fait relativement aux palais, châteaux, et autres biens distraits du domaine privé de l'État pour être affectés à la jouissance du chef de l'empire.

C'est ce que l'article 540 du code Napoléon, dans l'intérêt de la défense du sol et de la nationalité, a fait pour les citadelles et fortifications des places de guerre.

C'est aussi ce que, dans l'intérêt de la religion, a fait d'une manière indirecte, en ce qui concerne les églises, l'article 12 du Concordat de 1801.

« Toutes les églises métropolitaines, cathé-
« drales, paroissiales et autres, non aliénées,
« nécessaires au culte, seront (porte cet article)
« remises à la disposition des évêques. »

---

[1] Sénatus-consulte du 12 décembre 1852, sur la dotation de la couronne, art. 7.

Par les lois de la Révolution [1], l'État avait fait passer dans ses mains toutes les églises, réduites ainsi à la situation juridique de véritables propriétés foncières. Ces édifices furent alors dans le commerce et dans le domaine privé. Mais le Concordat, en relevant en France les autels catholiques, a restitué aux édifices destinés au service public du culte le privilége de l'indisponibilité, dont ils avaient joui précédemment en vertu de la jurisprudence antérieure à 1789. L'article 12 du Concordat, en les consacrant au culte catholique, les a placés hors du commerce et investis des avantages de la domanialité publique [2].

Aussi une doctrine unanime, une jurisprudence constante de la cour de cassation [3] et des cours

----

[1] Loi du 15 mai 1791, relative aux églises supprimées ou à supprimer; loi du 19 août 1792 relative à la vente des immeubles réels affectés aux fabriques des églises; loi du 13 brumaire an II (3 novembre 1793) qui déclare propriété nationale tout l'actif affecté aux fabriques des églises.

[2] « Les églises n'avaient pas jusqu'alors le caractère de do- « maine public. De quoi donc résulte cette qualification que « nous leur avons attribuée avec tous les auteurs? De l'affecta- « tion qui leur a été donnée par l'article 12 du Concordat, « lequel les consacre au service du culte catholique, non pas d'une « manière précaire et provisoire, mais d'une manière tellement « définitive, que l'article 15 autorise même des fondations per- « pétuelles en leur faveur; elles ont donc acquis, dès ce moment, « un caractère de domanialité publique et universelle, c'est-à- « dire d'affectation perpétuelle au service religieux de tous les « citoyens. » (Gaudry, *Traité du domaine*, t. I, p. 644.)

[3] *Voir ci-dessous* les arrêts de cette cour du 1er décembre 1823

impériales [1], sont elles d'accord pour considérer les églises comme étant hors du commerce, inaliénables, imprescriptibles, et constituant des dépendances du domaine public.

Mais à côté des églises, il y a d'autres édifices affectés aux besoins du culte.

Les métropoles et les cathédrales ont leurs palais archiépiscopaux et épiscopaux ; elles ont aussi leurs séminaires.

Les églises paroissiales ont également leurs presbytères.

La destination de ces édifices n'est pas la même que celle de l'église. Ils ne sont pas affectés au culte lui-même. Leur domanialité diffère aussi.

Le presbytère n'est en effet qu'une maison d'habitation (désignée sans doute au respect de tous par les vertus de l'homme de Dieu qui vient y passer sa vie), mais, au point de vue juridique, ce n'est que la maison d'habitation du prêtre.

Aussi les auteurs qui se sont occupés de cette

(page 39); du 19 avril 1825 (page 39) ; du 4 juin 1835 (page 13); du 18 juillet 1838 (page 34); du 5 décembre 1838 (page 40) ; du 10 décembre 1849 (page 36) ; du 7 novembre 1860 (page 37).

[1] *Voir ci-dessous* les arrêts des cours de Toulouse 13 mai 1831 (page 41); Limoges 22 août 1838 (page 35); Orléans 25 juillet 1846 (page 34); Caen 11 décembre 1848 (page 36); Paris 16 février 1849 (page 36) ; Paris 18 février 1851 (page 47) ; Riom 19 mai 1854 (page 35); Rouen 14 avril 1858 (page 36); Agen 23 janvier 1860 et 2 juillet 1862 (pages 37 et 38).

question de classement [1] paraissent-ils d'accord, sans être contredits par aucun monument de jurisprudence, pour classer dans le domaine privé les presbytères et les palais archiépiscopaux et épiscopaux.

Pour les séminaires, ils sont incontestablement des édifices affectés à un service public ; et puisque l'article 12 du Concordat ne leur est pas applicable, ils suivent le sort commun à la généralité des édifices publics.

Tels sont et les principes généraux de la domanialité et leur application au classement des édifices religieux.

Ici s'achève notre première partie ; mais ce n'est que le point de départ de l'étude que nous avons entreprise.

II

Nous venons de dire que les églises forment dépendances du domaine public.

Ont-elles toutes ce caractère ? Quelles sont celles qui le possèdent ? Quelles sont celles qui en sont privées ?

Trois règles combinées répondent à cette question.

[1] Adolphe Chauveau (Journal du Droit administratif, t. X, p. 479). — Bressolles (Journal du Droit administratif, t. XI, p. 149). — Notre *Traité des édifices publics*, p. 65, et notre *Trai'é des ventes domaniales*, p. 141.

Première règle. — Il ne peut y avoir dans le domaine public que les églises actuellement affectées au service divin ; les anciennes églises qui ont perdu leur affectation ont cessé *ipso facto* de faire partie du domaine public, et dès lors ont été soumises au droit commun de la propriété privée [1], en quelques mains qu'elles soient passées.

Cette règle est féconde en conséquences pratiques ; il en résulte que les églises, qui de 1792 à 1801 ont perdu leur affectation au service du culte, et qui, après le Concordat, ont été rendues à leur destination primitive, ont pu dans cet intervalle être valablement grevées de servitudes [2], de même qu'elles ont pu dans le même temps être aliénées d'une manière incommutable au profit d'établissements publics et de simples particuliers.

[1] Constitution du 22 frimaire an VIII, art. 93 ; Concordat de 1804 , art. 13 ; Charte du 4 juin 1814 , art. 9 ; Charte du 4 août 1830 , art. 8 ; et les lois citées ci-dessus, page 8, note 1.

[2] «... Attendu que l'ancienne église des Augustins de Carcassonne qui appartient maintenant à Saunière, défendeur, a été vendue par l'État en 1796 ; qu'à partir de cette époque, elle a été transformée en habitation particulière, et a pris le caractère de propriété privée ; attendu qu'alors tous les droits exceptionnels ou privilégiés résultant de sa destination première et de sa consécration au service divin, ont cessé pour l'avenir ; qu'elle est devenue susceptible de toutes les modifications de la propriété privée et ainsi a été désormais soumise à l'application de l'article 664 Code civil sur l'acquisition forcée de la mitoyenneté ;... attendu que la Cour royale de Montpellier a violé : 1° les articles 1598 et 2226 Code civil, en mettant hors du commerce un immeuble qui avait cessé d'être inaliénable et était

Il en serait de même de toute église dont la destination serait changée pendant un temps quelconque ; pendant ce temps, elle serait soumise au droit commun de la propriété privée.

Seconde règle. — L'affectation actuelle d'un édifice au service divin, après la consécration canonique ou la bénédiction religieuse, avec l'autorisation des autorités compétentes, ne suffit pas par elle-même et par elle seule pour engendrer au profit de cet édifice la domanialité publique.

Il existe en effet des édifices où les cérémonies du culte sont très-régulièrement et même publiquement célébrées, et qui ne font point partie du domaine public.

Ce sont les églises, chapelles ou oratoires des communautés religieuses, même de celles reconnues par la loi et jouissant en France des avantages réservés aux personnes morales et aux établissements d'utilité publique.

Ce sont, à plus forte raison, les chapelles et oratoires domestiques.

devenu une propriété privée ; 2° l'article 664 relatif à l'acquisition de la mitoyenneté des murs ; 3° l'article 544 sur l'étendue du droit de propriété ; et 4° l'article 702 qui défend d'étendre les servitudes ; — Casse... » Du 5 décembre 1838, cour de cassation, ch. civ., *Rougier* c. *Saunière* (Sirey, 39, 1, 33). — *Voir* page 40, la première partie de cet arrêt sur un premier moyen de cassation rejeté par la cour.

Voir aussi dans le même sens la première partie de l'arrêt de la cour de cassation du 4 juin 1835, reproduit page suivante en note.

Ce sont aussi les églises, chapelles et oratoires des établissements publics, comme les lycées, colléges, séminaires, hôpitaux et hospices; alors même que ces églises ou chapelles sont ouvertes au public, elles ne sont que des dépendances de ces maisons, participant de leur nature légale, faisant partie comme elles du domaine privé.

Cette règle, comme la précédente, a été proclamée par la cour de cassation, dans une espèce concernant une chapelle *attenant aux bâtiments d'un hospice et ayant des portes communiquant avec l'hospice*[1].

[1] « Attendu, sur le premier moyen, que le principe de l'imprescriptibilité des églises et chapelles consacrées au culte divin, principe incontestable, s'applique seulement aux églises dans lesquelles le culte divin est publiquement et actuellement célébré; il est sans application à une ancienne église ou chapelle mise hors de la disposition de l'évêque, et dont la fabrique ou la commune aurait destiné l'usage à tout autre service; il est aussi sans application à une église ou chapelle d'une maison particulière, d'un château, d'un établissement particulier quelconque, église ou chapelle qui ne serait et ne pourrait être dans ce cas autre chose qu'une propriété privée, quoique le culte divin y fût publiquement célébré... » Du 4 juin 1835; C. de cassation, ch. req.; *Commune de Mayenne* c. *hospice de Mayenne* (Sirey 35, 1, 413; Dalloz, 35, 1, 278).

« Si la chapelle, quoique communiquant avec l'église, for-
« mait un édifice à part et une propriété privée, elle serait sou-
« mise au droit commun, et pourrait, comme tout autre immeu-
« ble, être prescrite. Si le temps requis pour la prescription
« n'était pas encore écoulé, on pourrait, pour se maintenir dans
« la possession, invoquer, à défaut de titres, la possession pu-

Elle a sa raison d'être en ce que notre législation n'a pas suivi les distinctions multiples et compliquées du droit romain [1], qui, dans le classement des choses, donnait aux églises, sous le nom de *res sacræ*, une place particulière, comme consacrées à Dieu par les cérémonies de la religion. Le droit français n'a pas admis cette classification, et les choses sacrées n'existent plus à l'état de catégorie juridique et légale [2]. La loi n'admet qu'une

« blique et continuée, et tous les autres faits qui tendraient à « l'établir. » (Affre, *Traité de l'administration temporelle des paroisses*, 7ᵉ édition revue par Mgr Darboy, p. 91.) — *Sic* A. Desjardins, *de l'aliénation et de la prescription des biens de l'État et des communes*, p. 393.

[1] Quædam enim naturali jure communia sunt omnium, quædam publica, quædam universitatis, quædam nullius, pleraque singulorum... — 7. Nullius autem sunt res sacræ, et religiosæ, et sanctæ; quod enim divini juris est, id nullius in bonis est. — 8. Sacræ res sunt quæ rite et per pontifices Deo consecratæ sunt, *veluti ædes sacræ*, et donariæ, quæ rite ad ministerium Dei dedicatæ sunt... — 9. Religiosum locum unusquisque sua voluntate facit, dum mortuum infert in locum suum... — 10. Sanctæ quoque res, veluti muri et portæ, quodammodo divini juris sunt, et ideo nullius in bonis sunt... (*Justiniani institutiones*, liber secundus, tit. 1, de divisione rerum et qualitate.)

[2] Proudhon a donné au chapitre 25 de son *Traité du domaine public* (nᵒˢ 335 à 342) le titre suivant : « Des choses sacrées », en y classant les vases sacrés, les églises et les cimetières. En cela, le savant jurisconsulte nous paraît avoir commis une double erreur : d'une part, en introduisant dans la classification romaine une confusion et une extension qu'elle ne comportait pas ; et d'autre part, en faisant à notre législation une application en-

distinction des choses, celles du domaine public et celles du domaine privé.

Or, l'article 12 du Concordat n'a mis hors du commerce que les églises *nécessaires au culte*, c'est-à-dire les églises consacrées au service public du culte dans les circonscriptions ecclésiastiques, établies en vertu du Concordat lui-même ou en conséquence du Concordat.

Ce sont les églises métropolitaines et cathédrales affectées au service du culte métropolitain et diocésain, et les églises paroissiales affectées au culte de la paroisse, cure ou succursale.

C'est ainsi que les articles 75 et 77 de la loi organique du 18 germinal de l'an X [1], nous montrent l'État se dessaisissant des églises, *à raison d'un édifice par cure et par succursale*.

Nous reconnaissons aussi ce caractère aux cha-

tièrement arbitraire de cette classification ; ce dernier point a été très-judicieusement constaté par M. Gaudry (*Traité du domaine*, t. I, p. 610) lorsqu'il dit qu'on ne saurait « admettre qu'aux « yeux de la loi civile des églises soient hors du commerce *par* « *leur nature religieuse ou sacrée* ».

[1] Article 75. — « Les édifices anciennement destinés au culte catholique actuellement dans les mains de la nation, à raison d'un édifice par cure et par succursale, seront mis à la disposition des évêques par arrêté du préfet du département. Une expédition de ces arrêtés sera adressée au conseiller d'État chargé de toutes les affaires concernant les cultes. »

Article 77. — « Dans les paroisses où il n'y aura point d'édifices disponibles pour le culte, l'évêque se concertera avec le préfet pour la désignation d'un édifice convenable. »

pelles vicariales (desservies par un vicaire de la cure ou succursale), aux chapelles de première classe (desservies par un chapelain particulier demeurant dans la commune) et aux chapelles de seconde classe (desservies par un prêtre occupant un autre emploi dans le voisinage et qui, étant autorisé à biner, vient desservir la chapelle sans résider dans la commune).

Ces chapelles diverses ne se distinguent entre elles qu'au point de vue de l'importance et de la nature du traitement donné aux ecclésiastiques qui les desservent ; elles forment une sous-division du territoire de la cure ou succursale ; à ce titre elles sont comprises dans les termes de l'article 12 du Concordat et participent du caractère légal des églises paroissiales.

- Mais toutes les autres églises ou chapelles, en quelques mains qu'elles soient, constituent des propriétés privées, aliénables, prescriptibles, susceptibles de possession, de servitude et d'hypothèque.

Troisième règle. — Les églises qui viennent d'être désignées comme constituant une circonscription ou subdivision de circonscription ecclésiastique, sont-elles toutes des dépendances du domaine public ?

Ou faut-il distinguer entre elles, celles qui ont une grande valeur intrinsèque, un mérite artistique, un caractère monumental, et celles qui manquent de ces avantages ?

Nous croyons nécessaire de formuler cette troisième règle avec d'autant plus de soin, que la proposition contraire a pour elle l'autorité d'un jurisconsulte haut placé dans la science, dans la magistrature et dans l'État [1].

[1] M. le premier président Troplong (*Traité de la prescription*, t. I, n° 169) dit que l'article 2226 du Code Napoléon s'applique « *aux monuments publics appartenant aux villes et conservés soit* « *pour leur décoration, soit comme objets d'art* ». — Il rappelle que jadis l'existence de la Maison Carrée et des Arènes de Nîmes a pu être compromise, et ajoute : « Ces restes de l'antiquité ro- « maine ont été arrachés enfin à la propriété privée pour rester « le patrimoine de tous ceux qui aiment l'architecture et l'his- « toire; désormais ils sont dans le domaine public, et la bar- « barie ne peut plus les atteindre. On conçoit également que « nulle possession, quelque prolongée qu'elle fût, ne pourrait « grever ces monuments de servitudes qui les dégraderaient. « *Quelle est la jurisprudence vandale qui donnerait un brevet d'exis-* « *tence à une servitude* oneris ferendi *sur la cathédrale de Stras-* « *bourg*, ou sur l'arc de triomphe d'Orange, ou sur le palais de « la Bourse de Paris? En ce sens la barbarie ne prescrit pas « contre la civilisation, et les arts ont aussi leur article 2226. » En traitant particulièrement des édifices religieux, l'éloquent écrivain exprime la même opinion d'une manière non moins vive et plus précise encore. Il se demande (n° 173) si une église pourrait être grevée par prescription d'une servitude qui ne nuirait pas à sa destination et qui ne porterait aucun préjudice à l'usage que tous les habitants doivent en avoir ; il se demande si l'on trouverait dans la possession continuée pendant trente ans la raison de légitimer une servitude *oneris ferendi* sur une chapelle ou sur une église de village? « Je crois, dit M. Troplong, « l'affirmative préférable par la raison que la destination pu- « blique reste entière, et que cette servitude n'a rien qui para- « lyse le droit individuel des habitants. *A la vérité, si cette église*

Cet éminent écrivain distingue les églises *qui sont des monuments de l'art élevés, non-seulement pour les cérémonies du culte, mais encore pour l'ornement de la cité, et les églises qui n'ont rien de monumental.*

C'est aux premières dont il cite, comme le type le plus grandiose, la cathédrale de Strasbourg, qu'il réserve exclusivement les priviléges de la domanialité publique et l'application de l'article 2226 du code Napoléon, d'après lequel « sont im-« prescriptibles les choses qui ne sont pas dans « le commerce ».

Malgré l'autorité qui s'attache aux doctrines de M. le premier président Troplong, nous soutenons avec l'énergie d'une conviction profonde que cette théorie repose sur une distinction que la loi n'a pas faite et qu'elle ne devait pas faire.

La nature légale des églises ne peut être attachée à la rectitude des lignes et à la beauté des formes de leur construction.

L'art dans ses réalisations, comme toute chose

« *ou cette chapelle étaient des monuments de l'art*, élevés ou con-« servés, non-seulement pour les cérémonies du culte, mais « encore pour l'ornement de la cité, l'intérêt public réclamerait « sans cesse contre ce qui pourrait les dégrader ; car ce serait « le cas de dire avec Dargentré : *Publicorum usus, non solum ex* « *commodo, sed ex ornatu etiam et facie, æstimatur.* MAIS SI CETTE « ÉGLISE N'A RIEN DE MONUMENTAL ; si, par exemple, *dans la* « *partie qui ne fait pas façade,* elle est en contact avec les habita-« tions privées, *la servitude n'a rien qui blesse la destination pu-* « *blique de la chose.* »

humaine, comporte des degrés; et il serait fâcheux
que les tribunaux, saisis d'une question domaniale, fussent obligés, pour la juger, d'apprécier
une question d'art, d'architecture, une question
d'exécution des règles suivies aux diverses époques, une question de goût, de laquelle dépen-
drait le classement de l'édifice, le point de savoir
s'il est domaine public ou domaine privé, inaliénable ou aliénable, imprescriptible ou prescriptible, susceptible ou non de servitudes.

Une telle question doit rester une question de
droit et de législation.

Le résultat immédiat de la théorie que nous dis-
cutons, serait de créer les diversités les plus cho-
quantes, et dans une commune qui posséderait
deux paroisses et deux églises, d'en placer une
dans le domaine public si les magistrats, par eux-
mêmes ou sur avis d'experts, lui trouvent l'aspect
suffisamment monumental, et de rejeter l'autre
dans le domaine privé, si ses formes extérieures
n'ont pas trouvé grâce devant eux.

Il y a plus : cette théorie mène logiquement à
distinguer entre elles les diverses parties de l'édifice, à distinguer dans une même église les parties
monumentales de celles qui peuvent ne pas l'être;
et l'illustre écrivain que nous combattons a été
jusque-là, en permettant, dans un cas donné, l'é-
tablissement d'une servitude par prescription sur
la partie de l'église qui ne fait pas façade. Ne serait-
ce pas admettre qu'un même édifice pût être du

domaine public par-devant et du domaine privé dans ses autres parties ; et cette conséquence logique du système n'en fait-elle pas apprécier le principe à sa juste valeur juridique ?

Non, sans doute, la nature légale d'une église n'est pas subordonnée à son caractère architectural ou monumental ; elle n'est pas attachée à sa valeur artistique ; elle est étrangère à son importance intrinsèque en tant que construction.

Que les communes soient disposées à faire plus de sacrifices pour les églises qui présentent un intérêt historique, artistique ou monumental : nous le comprenons. Que les conseils généraux et l'État leur fassent une plus grosse part dans les subventions écrites à leurs budgets : c'est leur droit.

Mais cela ne touche en rien au caractère domanial, à la nature légale de l'édifice.

Il ne faut pas créer une distinction que la loi n'a pas faite, et qui eût été regrettable.

Ce n'est pas à titre de monument que l'église est investie de la domanialité publique ; c'est à titre d'église affectée au service public du culte d'une circonscription ou subdivision de circonscription ecclésiastique.

Le bénéfice de ce principe appartient à toutes les populations catholiques de l'empire, aux paroisses pauvres, qui souvent sont le plus exposées aux usurpations, aussi bien qu'aux paroisses opulentes et aux grandes villes qui possèdent presque seules les églises monumentales.

En un mot, toutes les églises métropolitaines, cathédrales, paroissiales et vicariales de France ont la même destination dans l'intérêt du service public du culte ; toutes doivent participer de la même nature légale et domaniale, la plus humble église de paroisse rurale, aussi bien que la cathédrale de Strasbourg !

III

Maintenant que nous savons quelles sont les églises qui font partie du domaine public, nous devons dire dans quel domaine public chaque sorte d'églises doit être classée, et dans quel domaine privé doivent être répartis les autres édifices religieux.

Cette répartition est simple et facile ; elle correspond aux circonscriptions ecclésiastiques.

Elle est subordonnée à la distinction des édifices religieux, en édifices diocésains et édifices paroissiaux.

Les premiers, après avoir été mis par la loi organique des cultes à la charge des départements, sont passés à la charge de l'État, qui ne s'en était jamais dessaisi.

Les métropoles et les cathédrales sont dans le domaine public national [1].

[1] *Sic* Vuillefroy (Traité de l'administration du culte catholique, p. 303). — L. Dufour (Police des cultes, p. 619). — Gaudry (Traité de la législation des cultes, t. II, p. 497). — Circulaire ministérielle du 20 novembre 1833. — De Champeaux (Code des

Les autres édifices diocésains sont dans le domaine privé de l'État [1]. Dans des circonstances particulièrement graves, l'assemblée générale du conseil d'État a été appelée, le 21 mars 1837, à faire de cette vérité juridique une déclaration solennelle en ce qui concerne les palais épiscopaux et archiépiscopaux [2].

fabriques, t. II, p. 584) dit que la jurisprudence les considère comme *propriétés nationales*, ce qui doit s'entendre ici d'un classement dans le domaine public national.

[1] « Les archevêchés, les évêchés et séminaires sont dans le « domaine de l'État... et sont *affectés* seulement au service du « culte. C'est un point constant de jurisprudence administra-« tive (Arrêts du Conseil d'État des 26 octobre 1820, 10 juil-« let 1821 et notamment celui de 1837). » Laferrière, *Cours de droit public et administratif*, 5e édit., t. I, p. 276.

[2] «... Considérant que l'archevêque de Paris, dans un écrit « pastoral publié sous le titre de *déclaration* adressée *à tous ceux* « *qui ont ou qui auraient à l'avenir droit ou intérêt d'en connaître*, « communiqué par lui au chapitre métropolitain et envoyé à « tous les curés du diocèse, a protesté contre notre ordonnance « du 13 août 1831, en exécution de laquelle les bâtiments en « ruine de l'ancien palais archiépiscopal ont été mis en vente, « comme propriété de l'État, à charge de démolition, et réclamé « contre la présentation faite par nos ordres, le 23 février der-« nier, d'un projet de loi ayant pour objet de céder à la ville « de Paris les terrain et emplacement dudit palais ; que, par ces « protestation et réclamation faites en qualité de supérieur « ecclésiastique, il a commis un excès et une usurpation de « pouvoir, et contrevenu aux lois du royaume ; considérant que, « dans le même écrit pastoral, l'archevêque de Paris, prétendant « agir, *en vertu de son institution, installation et mise en possession* « *canonique, comme tuteur, gardien, conservateur et défenseur des*

Les édifices paroissiaux sont à la commune ce que les autres sont à l'État.

Les presbytères sont dans le domaine privé de la commune, soit qu'ils aient été acquis ou construits par la commune, soit qu'ils lui aient été remis par l'État en 1801. Mais les presbytères, véritables propriétés privées, peuvent appartenir à la fabrique, si elle les a construits ou acquis à titre onéreux ou gratuit.

Les églises paroissiales sont dans le domaine public communal.

« *biens affectés à son église*, a réclamé la remise desdits terrain et
« emplacement comme faisant partie du *patrimoine de l'Église de*
« *Paris*; qu'en revendiquant, par ces motifs, et comme pro-
« priété de l'église, des terrain et emplacement qui appartien-
« nent à l'État, il a méconnu l'autorité des lois ci-dessus visées
« (lois du 2 novembre 1789, du 20 avril 1790 et du 15 mai 1791,
« *voir aussi* la loi des 19-25 juillet 1792), qui ont réuni au do-
« maine de l'État les biens ecclésiastiques et lui ont conféré un
« droit de propriété que n'ont pas modifié les affectations con-
« senties par le Concordat de 1801 et les articles organiques du
« 18 germinal an X, affectations dans lesquelles les palais ar-
« chiépiscopaux et épiscopaux ne sont pas même compris; qu'il
« a méconnu également l'autorité de la Charte constitutionnelle,
« qui a déclaré toutes les propriétés inviolables, sans distinction
« de celles qu'on appelle nationales, et des lois qui ont fait
« défense d'attaquer cette inviolabilité; considérant que l'ar-
« chevêque de Paris, soit en communiquant la susdite décla-
« ration au chapitre métropolitain, en adoptant et publiant
« l'adhésion de ce chapitre, soit en déclarant qu'il a rempli une
« *obligation de solidarité épiscopale, dans l'intérêt de toutes les*
« *églises, atteint et compromis par le nouveau projet de loi que*

Il en est ainsi, soit des anciennes églises remises par l'État en 1801 pour être rendues à leur destination première, soit des églises construites depuis cette époque, avec des fonds communaux, ou avec des subventions de l'État et des conseils généraux, ou avec les dons des fidèles, ou avec les deniers de la fabrique [1], ou à l'aide de toutes ces ressources réunies.

Dans toutes ces hypothèses, c'est dans le domaine public communal que doivent être classées les églises paroissiales, les chapelles vicariales

« nous avons fait présenter à la Chambre des députés, a commis « un excès de pouvoir; considérant que le chapitre métropo- « litain, en adhérant à la déclaration de l'archevêque de Paris « et à tous les motifs qui y sont énoncés, s'est rendu propres « les abus qu'elle renferme, et qu'il a de plus commis un excès « de pouvoir, en prenant une délibération sur des matières qui « ne sont pas de sa compétence et en faisant transcrire sur ses « registres ladite délibération;—Sur le rapport de notre garde « des sceaux, ministre secrétaire d'État au département de la « justice et des cultes; notre Conseil d'État entendu.—Art. 1er. « Il y a abus dans la déclaration de l'archevêque de Paris en « date du 4 mars 1837, et dans tous les actes qui ont eu pour « objet de lui donner effet et publicité. Ladite déclaration est et « demeure supprimée. — Art. 2. Il y a abus dans la délibéra- « tion du chapitre métropolitain en date du 6 mars 1837, por- « tant adhésion à la déclaration de l'archevêque de Paris, et « dans la transcription de cette délibération sur les registres du « chapitre. Ladite délibération est et demeure supprimée; la « transcription qui en a été faite sur les registres sera consi- « dérée comme nulle et non avenue (Ord. roy. du 21 mars 1837). »

[1] Arrêt du Conseil d'État du 7 mai 1863, *commune de Meudon* (*voir* ci-dessous page 58).

et les chapelles de première et de seconde classe.

Cette règle générale de classement domanial des églises paroissiales n'a pas seulement pour elle, Messieurs, l'autorité d'une pratique et d'une jurisprudence constantes ; nous considérons qu'elle a aussi l'autorité des principes et des textes.

Elle a été contestée cependant.

On a revendiqué pour les fabriques la propriété, non de toutes les églises, mais de celles rendues au culte en 1801 [1].

[1] Affre (*Traité de la propriété des biens ecclésiastiques*, 1837, p. 68).—Le *Traité de l'administration temporelle des paroisses* de l'illustre prélat est loin d'être aussi affirmatif, et l'opinion formulée dans ses éditions successives a sensiblement varié. Dans les quatre premières éditions cet ouvrage admettait pour le classement domanial de ces édifices une opinion différente ; la 5e édition (1845) s'est prononcée dans le sens des prétentions des fabriques ; la 7e et dernière édition, auxquelles se réfèrent toutes nos citations de cet ouvrage, ne semble plus, en présence d'une doctrine contraire si généralement admise et si bien justifiée, prêter à ces prétentions un énergique appui.

Cette opinion est encore soutenue par MM. Foucart (*Éléments de droit administratif*, 4e édition, t. III, p. 571); Ariste Boué, *Journal des conseillers municipaux*, no de novembre 1852, p. 3 ; Gervais, *Bulletin des lois civiles-ecclésiastiques* publié par M. de Champeaux, no d'avril 1853, p. 94.

Un arrêt de la cour de cassation du 6 décembre 1836, *de Galard c. commune de Terraube* (Sirey 37, 1, 49), admet, dans un de ses considérants, qu'une église rendue au culte en 1804 « est « devenue alors la propriété de la fabrique ». Mais dans ses arrêts ultérieurs du 10 décembre 1849 et du 15 novembre 1853 (rapportés pages 36 et 49), cette cour a déclaré que les églises rendues au culte faisaient partie du domaine communal.

Cette prétention a été écartée. En voici les prin-
paux motifs :

1° Les fabriques, dont le droit de propriété sur
les églises antérieurement à 1789 est loin d'être
établi, n'étaient pas réorganisées lorsque le Concordat et les articles organiques ont affecté ces
édifices au service du culte ; ces textes n'ont donc
pu leur en transporter la propriété[1].

Ce n'est que par l'arrêté du 7 thermidor an XI
que les fabriques ont été dotées, et ce qui prouve
que ni le Concordat, ni les articles organiques, ni
l'arrêté de l'an XI, ne leur conféraient aucun des
anciens édifices religieux, c'est qu'il a fallu un
décret du 30 mai 1806 pour leur attribuer la propriété des églises et presbytères *supprimés*, ce qui
exclut les églises et presbytères *conservés*[2].

2° On ne comprend pas pourquoi le législateur
n'aurait pas donné aux communes les mêmes
droits sur les églises qu'elles fournissent elles-
mêmes et sur les églises remises par l'État en 1801 ;
toutes ces églises ayant la même affectation actuelle
doivent avoir le même caractère domanial.

3° La question a été formellement résolue par
deux avis du conseil d'État, l'un du 3 nivôse
an XIII, portant « que les presbytères et les églises
« ne peuvent cesser d'appartenir aux communes » ;

[1] Avis des comités réunis de législation et de l'intérieur du
conseil d'État du 10 octobre 1836.

[2] Avis du Conseil d'État du 3 juillet 1829, du 3 novembre 1836,
du 12 février 1841.

l'autre du 2 pluviôse an XIII, approuvé par l'Empereur le 6 du même mois, décide que « les com-
« munes sont devenues propriétaires des églises et
« des presbytères [1] qui leur ont été abandonnés en
« exécution de la loi du 18 germinal de l'an X [2] ».

[1] La question est en effet la même pour les presbytères qui ont également été en 1804 l'objet de la mesure prescrite par l'article 72 de la loi du 18 germinal de l'an X, ainsi conçu : « Les presbytères et les jardins attenant, non aliénés, seront « rendus aux curés et aux desservants des succursales. A défaut « de ces presbytères, les conseils généraux des communes sont « autorisés à leur procurer un logement et un jardin ». La question relative à ces presbytères est résolue dans le même sens par les mêmes textes et par les mêmes raisons. Un avis du Conseil d'État du 3 novembre 1836 a fait de cette règle l'application suivante : « Le Conseil d'État, consulté par M. le garde « des sceaux sur la question de savoir si *la propriété des pres-* « *bytères et leurs dépendances, restitués en exécution de la loi du* « *18 germinal an X, appartiennent aux communes ou aux fabri-* « *ques, et si, par suite, les distractions d'une partie de ces pres-* « *bytères opérées pour le service des communes, conformément à* « *l'ordonnance du 3 mars 1825, peuvent être grevées de clauses de* « *retour ou de toute autre indemnité au profit des fabriques,* est « d'avis : que la propriété des presbytères des paroisses con- « servées par l'organisation ecclésiastique appartient aux com- « munes dans la circonscription desquelles ces paroisses sont « situées, et que la distraction des parties superflues desdits « presbytères doit être ordonnée sans indemnité pour les fabri- « ques. »

[2] Une loi du 11 prairial de l'an III avait déjà donné aux communes *le libre usage*, avec faculté de s'en servir pour l'usage du culte, des édifices non aliénés, destinés originairement aux exercices du culte.

L'approbation impériale a donné *force de lois* à ces avis du conseil d'État, en vertu des règles suivies alors en matière d'interprétation des lois ; et il importe peu que ces avis n'aient pas été insérés au *Bulletin des lois*, parce qu'il s'agit de dispositions purement interprétatives.

Aussi la jurisprudence constante du conseil d'État, seul compétent pour apprécier les actes administratifs d'envoi en possession [1], s'est-elle prononcée à toutes les époques en faveur des communes [2] ; la cour de cassation, dans le dernier état de sa jurisprudence, en a fait autant [3] ; les cours impériales [4] ne jugent pas autrement, et la

---

[1] Il faut, d'après un avis du Conseil d'État du 25 janvier 1807, que l'arrêté d'envoi en possession nécessaire pour faire sortir l'édifice des mains de l'État ait été préalablement rendu par le préfet, sur l'avis du directeur des domaines, et sous l'approbation du ministre des finances, pour que l'action soit recevable. — Arrêts du conseil d'État du 23 novembre 1849, *fabrique de l'église de Rouans* c. *commune de Rouans*; du 9 mars 1850, *fabrique de Chalus*; du 6 mai 1853, *fabrique de Tours*; du 6 mars 1854, *commune de Tocqueville-Bénarville* c. *la fabrique*. — *Sic* de Cormenin, *Droit administratif*, 5e éd., t. II, p. 238.

[2] Avis du Conseil d'État et ordonnance royale du 31 janvier 1838 ; arrêts du Conseil d'État du 15 juin 1832, *Morand*; 7 mars 1838, *Levacher*; 6 avril 1854, *commune de Tocqueville-Bénarville* c. *la fabrique*; 22 décembre 1859, *fabrique de Céton* ; et les avis du conseil indiqués en notes pages 26 et 27.

[3] Chambre des requêtes 10 décembre 1849 (*voir* page 36, note 2); ch. civile 15 novembre 1853 (page 49 en note).

[4] Arrêts des cours impériales : de Paris 29 décembre 1835; Poitiers 20 février 1835; Grenoble 2 janvier 1836 ; Limoges

plupart des auteurs[1] se sont ralliés à cette doctrine.

Mais, tout en invoquant cette jurisprudence imposante, nous formulons une réserve. Ces décisions portent que les églises sont la *propriété* des communes. Cela ne doit pas s'entendre d'un véritable droit de propriété, mais seulement du classement des églises paroissiales dans le domaine public communal[2].

Les lois romaines définissent la propriété : *Jus utendi, fruendi et abutendi.*

3 mai 1836 ; Caen 8 octobre 1837 ; Bordeaux 6 février 1838 ; Paris 18 février 1851 (pages 44 et 47).

[1] Vuillefroy, *Traité de l'administration du culte catholique*, p. 303 ; L. Dufour, *de la police des cultes*, p. 619 ; G. Dufour, *Traité de droit administratif appliqué*, 2e édit., t. III, p. 573 ; Laferrière, *Cours de droit administratif*, 5e édit., t. II, p. 414 ; Aucoc, *Journal de l'École des communes* de 1855, p. 199 et 253 ; Clérault, *Revue de droit français*, t. IV, 1847, p. 533 ; A. Desjardins, *de l'aliénation des biens de l'État et des communes*, p. 393 ; et notre *Cours de droit administratif*, 2e éd., p. 523.

[2] *Sic* Gaudry, *Traité du domaine*, t. I, p. 614 (1862). Cet auteur y développe avec force le principe que « le domaine public « est ce qui est destiné à l'usage de tous *sans que la pro-* « *priété soit à personne* » ; il en fait, comme nous, l'application aux églises « qui constituent, dit-il, des dépendances du domaine « public municipal ». Toutefois M. Gaudry ne renonce qu'à regret à soutenir la doctrine par lui produite précédemment (1856) dans son *Traité sur la législation des cultes*, t. II, p. 540, d'après laquelle l'État ne se serait pas dessaisi en 1801 de son droit foncier sur les églises : doctrine qu'il pense à tort renfermée dans un arrêt de la cour de cassation du 7 août 1840, auquel nous croyons devoir (page 48) donner une autre interprétation.

D'après l'article 544 du code Napoléon, « *la pro-*
« *priété est le droit de jouir et de disposer des choses*
« *de la manière la plus absolue,* pourvu qu'on n'en
« fasse pas un usage prohibé par les lois ou par
« les règlements ». Or, ce droit de disposition n'appartient pas plus aux communes sur leurs églises,
que sur toutes autres dépendances de leur domaine public ; la commune ne les possède pas propriétairement[1].

[1] *Voir* ce que nous avons dit dans notre *Traité des édifices
publics*, p. 88, et dans un article de la *Revue critique de législation*, t. XXVII, p. 327 et 328, de l'antinomie existante entre
l'idée de propriété et celle de domanialité publique. — Cette
importante distinction établie par M. Gaudry et par nous, est
également mise en relief par plusieurs jurisconsultes, et entre
autres par les deux suivants. — « Le domaine public embrasse
« généralement tous les fonds qui sans appartenir *propriétaire-*
« *ment* à personne ont été civilement consacrés au service de
« la société... Cette nature de biens n'a pas, même dans les
« mains de l'État, la qualité de *propriété*; l'État les détient, *non*
« *comme propriétaire*, mais parce qu'il représente la collection
« des individus (*Dictionnaire général d'administration*, par M. Al-
« fred Blanche, v° Domaine). » — « Le domaine public n'est pour
« personne, ni même pour l'État, *un domaine de propriété*... Le
« domaine public national consiste dans la généralité des fonds
« qui sont asservis à l'usage ou à la protection de tous, *sans être*
« *la propriété de personne*... Le domaine public diffère essentiel-
« lement du domaine de propriété, puisqu'il ne s'applique qu'à
« des choses qui n'appartiennent *propriétairement* à personne,
« tandis qu'au contraire le domaine de propriété n'a pour objet
« que les choses propres à un maître qui en jouit à l'exclusion
« de tous autres ; le domaine de propriété est un domaine de
« profit immédiatement revenant à son maître, tandis que le

Dans les arrêts qui pourraient intervenir encore en cette matière, nous sollicitons un simple changement de mots, puisque le principe de la domanialité publique des églises n'est pas contesté ; à l'expression *propriété de la commune*, qui se trouve dans les arrêts, nous souhaitons de voir substi-

« domaine public n'est, pour le gouvernement, *qu'un domaine* « *de protection*, pour en garantir la jouissance à tous les indivi- « dus qui peuvent en avoir besoin (Proudhon, *Traité du domaine* « *public*, nos 202, 203, 204). »

Ce que ces jurisconsultes disent ainsi de l'État par rapport aux dépendances du domaine public national, s'applique nécessairement à la commune par rapport aux dépendances du domaine public communal. Toute définition exacte de la propriété, soit celle des lois romaines, soit celle du code Napoléon, soit celle des économistes, constate combien l'idée de propriété est inconciliable avec celle de domanialité publique.

Un publiciste dont les attaques contre la propriété ont eu une grande notoriété, qui porte le même nom que l'éminent doyen de la Faculté de droit de Dijon, J.-J. Proudhon, dans un ouvrage posthume (*Théorie de la propriété*, 1866) où il est revenu sur ses opinions antérieures en disant avec un certain orgueil : « *Main-* « *tenant qu'il n'y a plus lieu de trembler pour la propriété, puisque* « *nous avons un Empereur pour la défendre* ET QUE MOI-MÊME JE « PRENDS SON PARTI », a parfaitement constaté le caractère essentiel de la propriété en disant (page 74) :

« La propriété est absolue de sa nature, et dans toutes ses « tendances absolutistes; c'est-à-dire que rien ne doit entraver, « limiter, restreindre, conditionner l'action et la jouissance du « propriétaire; sans cela il n'y a pas de propriété. Tout le monde « comprend cela. C'est ce que le latin exprime par les mots *jus* « *utendi et abutendi* ».

C'est bien cela la propriété; comment serait-elle donc conciliable avec la domanialité publique des églises?

tuer celle de *dépendance du domaine public communal*, qui seule serait complétement exacte.

Avec cette rectification dans les termes, la solution qui place les églises paroissiales dans le domaine public communal, donne satisfaction à tous
les intérêts, à l'intérêt religieux et à l'intérêt
communal, en même temps qu'elle s'inspire des
principes généraux de la domanialité.

Nous ne saurions, en effet, trop insister sur ce
point que les intérêts de la religion ne sont point
engagés dans la controverse sur laquelle nous venons de prendre parti. L'unique intérêt pratique
de cette question est en effet de savoir, si, dans le
cas de suppression de la paroisse ou de construction d'une nouvelle église, l'église délaissée pas-
sant alors dans le domaine privé, ce sera la fabrique ou la commune qui aura le droit d'en tirer
parti, soit par location, soit par vente, soit de
toute autre manière.

Mais en dehors de cette hypothèse d'abandon
régulier, la commune est tenue de laisser l'église
à sa destination religieuse et publique. Cet édifice
n'en peut être détourné ; la commune ne peut l'af-
fecter, même partiellement ou momentanément,
ni à un autre culte[1], ni à aucun autre usage étran-
ger à sa destination[2].

[1] « Le même temple ne pourra être consacré qu'à un même
« culte (Loi du 18 germinal an X, art. 46) ». — Circulaire ministérielle du 3 février 1831.

[2] Décisions ministérielles du 10 septembre 1806, 31 octobre 1840, 14 mars 1848.

Le classement des églises dans le domaine public communal se concilie facilement avec le droit d'action, que nous reconnaîtrons aux fabriques en même temps qu'aux communes, chaque fois que l'édifice sera l'objet d'une prétention de nature à compromettre les intérêts du culte.

Il se justifie encore par la nature des charges relatives à ces édifices que la loi fait peser sur les communes.

Ce classement enfin est le seul en harmonie avec les principes généraux du droit, qui n'admettent pas de domanialité publique en dehors du domaine national, départemental ou communal.

En outre, il assure aux églises l'énergique protection qui résulte de la domanialité publique et dont nous allons exposer les effets.

IV

Les avantages qui résultent pour les églises de leur classement dans le domaine public national ou communal sont considérables.

Ils dérivent tous de l'indisponibilité qui constitue l'apanage essentiel de la domanialité publique.

Tant que dure leur affectation au service public du culte, les églises sont inaliénables.

Elles sont imprescriptibles, car la prescription mènerait à l'aliénation. Elles sont imprescriptibles dans leur ensemble et dans chacune de leurs parties, principales ou accessoires.

Ainsi la propriété d'une chapelle dans une église paroissiale ne peut être acquise par prescription [1]. Il suffit même que la chapelle forme une dépendance inhérente à l'église, pour qu'elle soit aussi imprescriptible que l'église elle-même, et l'on ne peut invoquer les droits de jouissance anciennement attachés à la qualité de fondateur et de patron de l'église [2].

[1] Orléans, 25 juillet 1846 ; le prince d'Essling c. la fabrique de l'église de la Ferté-St-Aubin (Sirey , 46, 2, 514 ; Dalloz, 46, 2 , 150 ; Journal du Palais , 47 , 1 , 27). Indépendamment de la solution très-juridique qui est ici signalée, cet arrêt énonce dans ses motifs des propositions que nous tenons pour inexactes, et notamment celle que les actes du gouvernement, qui, en exécution de l'article 75 de la loi du 18 germinal an X, ont rendu les églises au culte catholique, ont rétabli les droits privés que des particuliers pouvaient avoir anciennement sur ces édifices par suite de fondations religieuses; ces droits au contraire se sont éteints dans les mains de l'État pendant la main-mise nationale, ainsi que l'a jugé la cour de cassation (*Voir* notre texte et la note suivante; *voir* aussi page 35, note 2).

[2] « La cour : — attendu, en fait, que l'arrêt constate que la chapelle, objet du litige, est une dépendance absolue et inhérente à l'église elle-même ; — attendu, en droit, que les églises consacrées au culte sont hors du commerce et ne peuvent être prescrites ; — attendu que l'arrêt (de la cour royale de Riom du 26 avril 1837) constate également, en fait, que le demandeur a invoqué sa qualité de fondateur et de patron ; — attendu que l'arrêt déclare que Tissandier ne produit aucuns titres à l'appui de sa demande ; — attendu qu'indépendamment du motif tiré de l'absence de titres, l'arrêt s'est fondé sur les lois abolitives des droits attachés à la qualité de patron (2 novembre 1789, 12 juillet 1790 et 20 avril 1791) ; — attendu enfin que l'article 72 du décret du 30 décembre 1809 ne dispose que pour l'avenir ; —

Une simple place dans une chapelle ne peut davantage être acquise par prescription[1]. Les bancs de l'église sont imprescriptibles[2].

Ce sont pas seulement les parties intérieures de l'église qui sont protégées par l'imprescriptibilité; ce sont aussi les parties extérieures de l'édifice, les murs et les piliers extérieurs ou contreforts qui soutiennent les murs[3]. D'où suit qu'il y a lieu de demander en justice la démolition de toute construction établie, même depuis plus de trente ans, contre ces piliers[4].

En un mot, tout ce qui fait partie intégrante de l'édifice est inaliénable et imprescriptible.

Mais il ne faut pas aller plus loin.

L'indisponibilité est de droit étroit; il faut l'enfermer dans les limites que nous venons de déter-

---

rejette... » — Du 18 juillet 1838, cour cass., ch. req., *de Tissandier* c. *fabrique d'Opme* (Sirey, 38, 1, 799; Dalloz, 38., 1, 348; Journal du Palais, 38, 2, 405).

[1] Cour cass., ch. req., 19 avril 1825, *de Courcy* c. *le curé d'Annet* (*Voir* le même arrêt ci-dessous, page 39 en note).

[2] Limoges, 22 août 1838, *de Maulmont* c. *la fabrique de Sainte-Feyre* (Sirey, 39, 2, 154; Dalloz, 39, 2, 110; Journal du Palais, 38, 2, 668). — Cet arrêt déclare aussi que les droits accordés par l'ancienne législation aux fondateurs ou patrons des églises sur des chapelles ou des bancs réservés, ont été définitivement détruits par les lois susdites d'abolition.

[3] Paris, 18 février 1851, *Strapart* (Sirey, 51, 2, 81; Journal du Palais, 51, 1, 450); — Riom, 19 mai 1854, *Sibert-Pacros* (Sirey, 54, 2, 589; Journal du Palais, 56, 2, 230).

[4] Agen, 2 juillet 1862 (*Voir* ci-dessous, p. 37, note 2, et p. 49).

— 36 —

miner. Tout ce qui n'est pas l'édifice lui-même reste soumis au droit commun de la propriété, partant aliénable et prescriptible.

Plusieurs cours impériales [1], et la cour de cassation (principalement dans un notable arrêt de la chambre civile du 7 novembre 1860 [2]) ont opposé une barrière salutaire aux prétentions envahissantes de

[1] «... Considérant que l'imprescriptibilité des édifices religieux n'existe qu'en leur faveur, et ne s'est jamais étendue aux biens de nature ordinaire, en fussent-ils une dépendance ; considérant que le terrain d'entre les deux piliers extérieurs à l'*est* de l'église, a bien pu être un accessoire de ladite église, mais qu'il n'en a jamais formé une partie intégrante, dont le retranchement empêche cette église de rester entière et de remplir sa destination ; d'où suit qu'il n'appartient pas à la classe des choses imprescriptibles... » Caen, 14 décembre 1848, *hospice d'Orbec* (Sirey, 49, 2, 542). — *Sic* Rouen, 14 avril 1858, dans l'affaire jugée par la cour de cassation en 1860. — Dans un sens analogue, Paris 16 février 1849 (*Voir* note suivante).

[2] *Fabrique de Bolbecq* c. *Blondel*, *Cocart et autres* (Sirey, 61, 1, 353). — Il faut citer dans le même sens un arrêt de la cour de Paris du 16 février 1849 et dans la même affaire l'arrêt de rejet de la cour de cassation, ch. req., du 10 décembre 1849, *Mény* c. *le Préfet de la Seine* (Sirey, 50, 1, 253) d'après lequel « une « ruelle ou passage donnant accès à une église peut en être con- « sidérée comme une dépendance nécessaire, et *la commune* « *propriétaire de l'église* a le droit de faire fermer les jours « ouverts sur cette ruelle, s'il est établi qu'elle n'a jamais fait « partie de la voie publique *et si d'ailleurs ceux qui les ont ouverts* « *ne sont fondés en titre et n'ont pas acquis par la prescription le* « *droit de les conserver...* » Donc cette ruelle, quoique formant dépendance de l'église, n'était point inaliénable et imprescriptible, parce qu'elle ne pouvait être partie intégrante de l'édifice.

l'indisponibilité, en constatant qu'un citoyen « a
« pu acquérir, tant par titre que par prescription,
« la propriété du terrain compris entre les contre-
« forts d'une église consacrée au culte catho-
« lique ».

Ce remarquable arrêt de la cour suprême, dont
nous aimons à citer la teneur, porte, en outre,
« que si l'article 2226 du Code Napoléon déclare
« imprescriptibles les choses qui ne sont pas dans
« le commerce, et si cette disposition s'applique
« aux édifices actuellement consacrés au culte, il
« n'en est pas de même des terrains situés en
« dehors desdits édifices, et qui n'en sont pas une
« dépendance nécessaire et indispensable à leur
« destination publique[1] ».

On comprend mieux la sagesse de cette doctrine
et la nécessité de déterminer d'une manière précise le point où finit le domaine public et où com-
mence le domaine privé, en présence de deux
arrêts[2] d'une même cour impériale du midi de la

---

[1] C'est dans le même ordre d'idées qu'on décide (Carré, *du
gouvernement des paroisses*, n° 307) que les chapelles établies en
dehors de l'enceinte des églises et qui ne sont pas situées sous
la voûte même de ces édifices ne participent pas de leur inaliénabilité et de leur imprescriptibilité.—*Sic* Affre, passage cité p. 13.

[2] Arrêts de la cour d'Agen du 23 janvier 1860, *fabrique de
Barbaste c. Crabit-Anzec* (Sirey, 60, 2, 348), et du 2 juillet 1862,
fabrique de Mirande c. Cassaignart (Sirey, 62, 2, 510). Nous
avons déjà combattu la doctrine de ces arrêts dans notre *Cours
de droit administratif*, 2e édition, p. 523, et dans notre *Traité des*

France , qui ont exagéré le privilége exceptionnel de l'indisponibilité , au point de déclarer imprescriptible, non-seulement l'espace compris entre les contre-forts ; mais encore ce qu'on appelle le *tour d'échelle*, c'est-à-dire un passage autour de l'église à l'effet de faire des réparations aux murs et contre-forts [1].

Du principe que les églises sont imprescriptibles il suit que tant qu'elles conservent leur destination, elles ne peuvent être , de la part des tiers [2],

édifices publics d'après la législation civile , administrative et criminelle, page 64.

Nous aimons à reconnaître qu'en outre de la solution que nous croyons devoir répudier, ces deux arrêts contiennent chacun une excellente décision : le premier, en constatant que l'imprescriptibilité des églises est indépendante du caractère artistique ou non de l'édifice ; le second, en déclarant, d'une manière non moins judicieuse, que des constructions élevées même depuis plus de trente ans le long des contre-forts doivent être démolies sur la demande de la fabrique.

[1] D'après un avis du conseil d'État du 25 janvier 1807, lorsqu'un ancien cimetière placé autour de l'église est supprimé, la fabrique a le droit de réclamer un chemin de ronde autour de cet édifice ; mais il n'est point dit qu'il sera imprescriptible comme les parties intégrantes de l'église.

[2] Mais l'action possessoire , interdite aux tiers , pourrait être exercée contre eux par la commune ou la fabrique. La partie qui représente le domaine public ou qui a reçu de la loi le droit de procéder dans l'intérêt de sa conservation , peut en effet recourir à l'exercice de la complainte pour réprimer un trouble , car elle seule peut se prévaloir de l'imprescriptibilité. — Sur ce principe général et ses conditions d'application , *voir* Cassation , 18 août 1842 (Sirey, 42, 1, 965) ; 31 décembre 1855, (Sirey, 56,

l'objet d'actions possessoires fondées sur la possession annale, soit de leur ensemble, soit d'une de leurs parties intégrantes. Ainsi celui qui serait troublé dans la possession d'une chapelle ou d'un banc dans une église ne serait pas fondé à exercer la complainte. C'est même sous cet aspect que la question de l'indisponibilité des églises s'est présentée tout d'abord devant les tribunaux [1].

1, 209) ;—Bourbeau, *Traité de la justice de paix*, pages 621 à 630 ; et notre *Traité des édifices publics*, pages 8, 9 et 10.

[1] « La cour : — attendu qu'en décidant que les églises et les chapelles consacrées au culte divin ne peuvent, tant qu'elles conservent leur destination, *devenir l'objet d'une action possessoire*, le tribunal civil de Nérac n'a fait que se conformer à un principe universellement reconnu ; attendu qu'il a jugé, en fait, que la chapelle dont il s'agit est une partie intégrante de l'église paroissiale de Moncaut ; que le culte divin y était publiquement célébré à des époques périodiques de l'année ; que la fabrique de la paroisse en était en possession à l'époque où ont été faits les ouvrages qui ont donné lieu à l'action intentée par le demandeur ; et que, d'après cela, il a dû déclarer cette action irrecevable et mal fondée ; — rejette... » Du 1er décembre 1823, cour de cassation, ch. civ., *de Laurière c. la fabrique de Moncaut* (Sirey, collection nouvelle, t. 7, 1, 345). — « Attendu que *pour être réintégré, il faut que la chose possédée soit susceptible d'être acquise par prescription...* ; que, dans l'espèce, le tribunal, en reconnaissant qu'il s'agissait d'un édifice public consacré au culte, et faisant partie intégrante de l'église d'Annet (il s'agissait d'une place dans une chapelle), par conséquent hors du commerce, en a justement tiré la conséquence que la dame de Courcy *n'avait eu ni pu avoir une possession* animo domini, *ni jouissance exclusive* ; qu'ainsi la fin de non recevoir proposée par le tribunal n'est opposée à aucune loi... Rejette. » Du 15 avril

Vainement aussi l'on soutiendrait, comme cela fut fait devant la cour de cassation en 1838, que l'intérieur de l'édifice, à l'exclusion de la partie extérieure de ses murs, est seul insusceptible de propriété privée, pour soumettre les murs de l'église à l'application du principe de l'acquisition forcée de la mitoyenneté. Le droit accordé par l'article 661 du Code Napoléon, à tout propriétaire joignant un mur, d'en acquérir la mitoyenneté, ne saurait être utilement invoqué à l'occasion des murs d'un édifice public hors du commerce, tel qu'une église [1].

1825, cour de cassation, ch. req., *de Courcy c. le curé d'Annet* (Sirey, collection nouvelle, t. 8, 1, 106; Dalloz, 25, 1, 275).

Sic Henrion de Pansey, *Compétence des juges de paix*, ch. 43, § 10, p. 443.—Merlin, *Répertoire*, vᵒ Voie de fait, § 1, art. 2, nᵒ 9.—Bourbeau, *Traité de la justice de paix*, page 621.

[1] « La cour : — sur la première branche du premier moyen : — attendu que la mitoyenneté donne sur le mur qui en est l'objet un droit de copropriété; que, dès lors, l'acquisition de cette mitoyenneté ne peut avoir lieu lorsque la propriété ou l'édifice dont on veut rendre le mur mitoyen est hors du commerce; qu'avant le code civil, il était universellement admis en France que les églises ou édifices publics consacrés au culte n'étaient pas susceptibles d'une propriété privée, et que ce principe d'ordre et de droit public n'a pas été détruit ou modifié par le code civil;—rejette. » Du 5 décembre 1838, cour de cassation, ch. civ., *Rougier c. Saunière* (*Voir* ci-dessus, page 11 la seconde partie de cet arrêt, qui, sur un autre moyen, casse un arrêt de la cour de Montpellier du 13 août 1835).

Un arrêt de la cour de Toulouse du 13 mai 1831, *Delhom c. fabrique de Carbonne* (Sirey, 31, 2, 276; Dalloz, 31, 2, 153)

Les églises ne sont pas non plus susceptibles d'être grevées de servitude, par titre ou prescription. Toute constitution de servitude aboutit en effet à un démembrement de propriété au profit d'un particulier. Elle constitue une aliénation partielle interdite aussi bien que l'aliénation totale, pour les dépendances du domaine public. Il en est ainsi de toute servitude : telle est la servitude d'égoût, et celle *oneris ferendi*, qui est pour les églises la plus menaçante des servitudes. Il y a lieu d'ordonner la démolition de toutes constructions appuyées [1], même depuis plus de trente ans, soit le long des murs de l'église, soit le long des contreforts, soit sur la façade, soit dans les parties de l'édifice monumental ou non qui ne font pas façade.

Telles sont, d'après le droit commun de la domanialité publique, les règles protectrices résultant pour les églises de leur classement dans le domaine public national ou communal.

décide également que l'article 664 du code Napoléon n'est pas applicable à une église paroissiale; mais cet arrêt ne saurait être considéré comme un arrêt de principe, car il maintient le long de l'église, ce qui n'est rien moins que conforme à l'indisponibilité de l'édifice, des constructions faites en vertu d'un traité passé entre le propriétaire voisin auteur des constructions et le maire, et l'arrêt justifie cette solution par cette considération anti-juridique que ces constructions ne paraissaient pas préjudiciables à l'édifice.

[1] Cour de cassation, 15 novembre 1853 (page 49 en note) ; Agen, 2 juillet 1862 (page 38, en note).

V

Ce n'est pas tout encore !

Si nous sortons de la sphère des lois générales et du droit commun de la domanialité publique, pour jeter les yeux sur les lois spéciales au culte, nous y trouvons pour les églises une garantie nouvelle.

Afin de mieux assurer à la génération présente et aux générations de l'avenir, afin de mieux assurer à la succession indéfinie des populations catholiques la conservation de leurs temples, le législateur ne s'est pas contenté d'instituer un gardien de la domanialité publique de ces édifices, il a voulu en instituer deux.

A côté de l'État et de la commune désignés par le droit commun pour veiller à la défense des églises comme des autres parties du domaine public communal, la loi a placé, pour lui confier cumulativement cette mission, une autre personne morale, un établissement public chargé d'administrer et de représenter les paroisses catholiques.

C'est la *fabrique* de l'église.

Toutes les églises du domaine public, métropoles, cathédrales, cures, succursales, chapelles vicariales, chapelles de première et de seconde classe, ont chacune leur fabrique.

La fabrique et la commune (l'État étant au lieu et place de la commune pour les édifices métropolitains et diocésains) ont l'une et l'autre mission

de veiller à l'exacte observation des règles consti-
tutives de la domanialité publique des églises, et
de les invoquer au besoin devant les tribunaux.
Elles ont l'une et l'autre le droit d'exercer les
actions qui concernent l'église.

Des dissidences se sont produites.

Un arrêt isolé de cour impériale[1] a dénié aux
communes, pour l'attribuer exclusivement aux
fabriques, le droit d'intenter et de soutenir les
actions relatives à l'église. Mais cette doctrine a été
condamnée comme la violation directe des principes qui régissent la domanialité de ces édifices.
On remarque en outre qu'il serait déraisonnable
que la commune, obligée, par le décret du 30
décembre 1809, de fournir à la paroisse une église,
fût destituée du droit d'exercer les actions relatives à cet édifice public communal.

La commune a donc incontestablement le droit

---

[1] Nancy, 31 mai 1827, *ville de Mirecourt* c. *Thirion* (Sirey,
collect. nouv., t. VIII, 2, 375; Dalloz, 28, 2, 179; Journal des
fabriques, t. I, p. 304).

Il faut remarquer l'observation suivante faite à l'occasion de
cet arrêt, dans Sirey 35, 2, 206, *en note* : « Le pourvoi contre
« cet arrêt fut admis par la chambre des requêtes le 31 juil-
« let 1828 ; les parties ayant transigé, l'affaire n'a pu être portée
« devant la chambre civile ». — Le tome VIII de la collection
nouvelle du même recueil, 2, 375, *en note*, constate le même fait.

Il faut remarquer aussi que c'est à tort que l'on cite comme
conforme à cet arrêt de Nancy un jugement du tribunal de
Chartres du 13 juin 1834, *fabrique d'Epernon* (Sirey, 36, 2, 99,
note), qui est exclusivement relatif à la propriété des presbytères.

d'action. Tous les autres monuments de la jurisprudence le lui reconnaissent.

Mais, en sens contraire, ce droit a été refusé
aux fabriques au profit des communes par plusieurs arrêts de cours impériales[1] et du conseil
d'État[2], en ce qui concerne les actions réelles relatives à la *propriété* de l'église.

Les divergences sur ce point sont encore venues
de ce qu'au lieu de ne voir dans les églises que
les caractères de la domanialité publique, on a
voulu les traiter comme des immeubles appartenant en *nue-propriété* à la commune, en *usufruit*
à la fabrique. Par suite, en appliquant aux fabriques les dispositions écrites dans le code Napoléon (article 614) pour l'usufruitier, on est arrivé
à leur refuser le droit de repousser elles-mêmes
les usurpations.

Telle n'est pas la situation juridique des églises.
Elles échappent par leur nature légale aussi bien
aux règles de la propriété privée que de l'usufruit.
Dépendances du domaine public communal, elles
ne peuvent qu'être l'objet d'une mission de conservation et de surintendance dans l'intérêt public.

---

[1] Poitiers, 20 février 1835, *Labroue de Vareilles* c. *commune
de Sommières* (Sirey, 35, 2, 206; Dalloz, 35, 2, 86).—Grenoble,
2 janvier 1836, *Belle-Laurent* c. *commune de Presle* (Sirey, 36,
2, 475; Dalloz, 37, 2, 97).—Limoges, 3 mai 1836, *la fabrique de
Sainte-Feyre* c. *de Maulmont* (Sirey, 36, 2, 474; Dalloz, 37, 2, 97).

[2] Conseil d'État, 15 juin 1832, *Morand* c. *fabrique d'Anne-
becq.*— 7 mars 1838, *Levacher* c. *fabrique de Tiergeville.*

L'État et les communes possédaient cette mission relativement aux églises classées dans leurs domaines respectifs, comme en ce qui concerne les autres dépendances du domaine public national et communal.

Le décret du 30 décembre 1809, qui a constitué les fabriques d'une manière définitive [1], a de plus

---

[1] L'article 76 de la loi du 18 germinal an X dispose : « Il « sera établi des fabriques *pour veiller à l'entretien et à la conser-* « *vation des temples*, à l'administration des aumônes ».

Jusqu'au décret du 30 décembre 1809 *concernant les fabriques*, qui a force de loi, il y eut dans chaque paroisse deux fabriques : l'une, dite fabrique *intérieure*, constituée, en vertu d'une décision du premier Consul du 9 floréal an XI, par les règlements des évêques soumis à l'approbation du gouvernement ; l'autre, dite fabrique *extérieure*, composée, aux termes de l'arrêté du 7 thermidor de l'an XI, de membres nommés par le préfet. A la première appartenait surtout l'administration religieuse ; la seconde avait principalement l'administration temporelle de l'église. Le décret du 30 décembre 1809 a confondu ces deux fabriques en une seule, dont il a déterminé la composition, les droits, les ressources et les obligations.

L'article 1er de ce décret est conçu de la manière suivante :

« Les fabriques, dont l'article 76 de la loi du 18 germinal « an X a ordonné l'établissement, sont chargées *de veiller à* « *l'entretien et à la conservation des temples* ; d'administrer les « aumônes et les biens, rentes et perceptions autorisées par les « lois et règlements, les sommes supplémentaires fournies par « les communes, et généralement tous les fonds qui sont affec- « tés à l'exercice du culte ; enfin d'assurer cet exercice, et le « maintien de sa dignité, dans les églises auxquelles elles sont « attachées, soit en réglant les dépenses qui y sont nécessaires, « soit en assurant les moyens d'y pourvoir ».

départi cette mission aux fabriques des églises dans l'intérêt du culte. C'est ce qu'a fait ce décret lorsqu'il les a chargées non-seulement d'*administrer les édifices religieux*, non-seulement d'*assurer les moyens de pourvoir aux dépenses du culte*, mais en outre et en première ligne, lorsqu'en reproduisant les termes mêmes de l'article 76 de la loi du 18 germinal an X, il les a chargées *de veiller à l'entretien et à la conservation des temples*.

Pour remplir cette mission d'une manière sérieuse et affective, il faut que la fabrique soit armée d'un droit plus étendu que celui de l'usufruitier de la loi civile ; il faut qu'elle ait le pouvoir d'empêcher, par elle-même et par toutes les voies légales, les usurpations dont le temple peut être menacé.

Le décret de 1809 n'a pu vouloir la fin sans vouloir les moyens ; son texte serait une lettre morte, si, chargeant les fabriques dans l'intérêt religieux des paroisses *de veiller*, non-seulement à l'entretien, mais aussi *à la conservation* des églises, il les eût frappées d'impuissance en ne leur donnant pas, par la même disposition, le droit d'agir à cet effet devant les tribunaux.

Communes[1] et fabriques, également intéressées à des titres divers à la conservation des édifices consacrés au culte, possèdent donc également le droit de défense [2] et d'action.

---

[1] L'État pour les édifices diocésains.

[2] C'est-à-dire que le demandeur devrait diriger à la fois son

Nous sommes heureux de constater que cette doctrine triomphe parmi les auteurs [1], dans la jurisprudence des cours impériales [2], et dans celle de la

action contre la commune et la fabrique. M. Foucart (t. 3, p. 573) se borne à dire qu'il sera *prudent* d'agir ainsi.—Nous croyons devoir entièrement rejeter la proposition ainsi formulée par le même auteur dans le même passage : « Nous pensons que, pour tout ce « qui excède la simple jouissance, c'est la commune qui doit « intenter l'action, sauf à la fabrique à se faire substituer à elle « en cas de refus de sa part, en vertu de l'article 49 de la loi du « 18 juillet 1837 ». D'une part, cet article n'est pas applicable aux fabriques ; d'autre part, elles ont un droit propre écrit dans l'article 76 de la loi de germinal et l'article 1er du décret de 1809. M. Foucart s'inspire ici du système que nous venons de combattre et qui repose sur la distinction entre l'usufruit et la nue-propriété. Si le savant maître nous a paru trop donner aux fabriques dans la controverse relative aux églises rendues au culte en 1804, ici il nous semble ne pas leur donner assez.

[1] G. Dufour, t. V, p. 580. —Chauveau, *Code d'instruction administrative*, 2e édit., t. I, p. 57.

[2] Paris, 29 décembre 1835, *Geland* c. *commune de Montreuil-sous-Bois* (Sirey, 36, 2, 99 ; Dalloz, 36, 2, 50);—Caen, 8 octobre 1837, *fabrique de Saint-Malo* (Sirey, 39, 2, 199 ; Dalloz, 39, 2, 135);—Bordeaux, 6 février 1838, *fabrique de Saint-Laurent* c. *Garnier* (Sirey, 38, 2, 337 ; Dalloz, 38, 2, 79 ; Journal du Palais, 38, 2, 222).

Paris, 18 février 1851, *Strapart* (Sirey, 51, 2, 81 ; Journal du Palais, 51, 1, 450);—Paris, 24 décembre 1857, *de Vedel* (Sirey, 58, 2, 125 ; Journal du Palais, 58, 290). — Ces deux arrêts de la cour de Paris statuent sur les deux faces de la question ; le premier reconnaît que depuis le Concordat de 1804 les églises paroissiales sont la propriété des communes et qu'en conséquence une commune a qualité pour intenter une action tendant à faire cesser l'usurpation d'une portion ou dépendance de son église ;

cour de cassation qui reconnaît également au maire
et à la fabrique le droit d'intenter l'action en délaissement de bancs et chapelles occupés sans titre [1],

le second décide que, quel que puisse être le droit de propriété
des communes sur les églises, les fabriques étant chargées de
veiller à leur conservation ont par cela même qualité pour intenter toutes actions, même réelles, concernant ces édifices.
Ces arrêts et ceux qui précèdent sont en parfaite conformité
avec la doctrine de la cour de cassation consacrée par les arrêts
cités dans les notes qui suivent.

[1] Cour de cassation, ch. civ., arrêt de rejet du 7 juillet 1840,
de *Maulmont* c. *la fabrique de Sainte-Feyre* (Sirey, 40, 1, 597;
Dalloz, 40, 1, 247; Journal du Palais, 40, 2, 193). — Voici la
partie la plus saillante de cet arrêt dont les développements sont
très-étendus : — « Attendu qu'il résulte des dispositions des lois
« précitées que la propriété absolue des églises n'est exclusive-
« ment attribuée ni aux communes, ni aux fabriques ; attendu
« que les édifices destinés au culte sont plus spécialement con-
« fiés à la surveillance des fabriques, qui ont la faculté et le
« devoir de les conserver et de les défendre contre tout enva-
« hissement; que les fabriques chargées de percevoir les pro-
« duits dont ces édifices sont susceptibles, notamment ceux des
« bancs et des chapelles, et de les employer aux dépenses du
« culte, ont qualité pour exiger toutes les justifications de titres
« qui pourraient donner des droits à la jouissance gratuite des-
« dits bancs ou chapelles, et pour contester les prétentions à
« cette jouissance; attendu que si le maire de la commune peut
« intenter l'action en délaissement des bancs et chapelles occu-
« pés sans titre, l'action appartient également à la fabrique qui
« a un intérêt direct à faire cesser cette indue jouissance... » —
Nous avons déjà dit ci-dessus (page 29, note 2) que les motifs
sur lesquels cet arrêt se fonde pour reconnaître ce double droit
d'action au profit de la fabrique et de la commune, ont donné
lieu à M. Gaudry de soutenir que la propriété des églises était

et celui d'intenter une action contre un particulier à l'effet de faire cesser les usurpations et servitudes exercées sur ces édifices, et notamment dans le but de faire détruire et enlever des bâtiments qu'il avait adossés aux murs de l'église [1].

restée entre les mains de l'État et que telle était la théorie de cet arrêt. Nous ne saurions le croire; car si telle eût été la pensée de la cour suprême, elle eût reconnu un droit quelconque sur les églises paroissiales à l'État qu'elle ne nomme même pas. Ce que dit l'arrêt de l'absence d'attribution de *propriété absolue* au profit des communes se concilie très-bien avec le classement des églises dans le domaine public communal et la théorie par nous exposée ci-dessus (pages 24 à 33). Il faut noter d'ailleurs que la cour suprême dans son arrêt antérieur de 1849 (page 36, note 2) et dans l'arrêt postérieur de 1853 (*Voir* la note suivante) a formellement classé les églises dans le domaine communal.

[1] « La cour : vu les articles 75 et 76 de la loi du 18 germinal
« an X ;—attendu qu'il est établi aux qualités de l'arrêt attaqué
« que, par l'exploit introductif instance, la fabrique demande-
« resse avait assigné le défendeur originaire, représenté par les
« défendeurs en cassation, pour se voir condamner à détruire,
« et enlever tous les bâtiments, quels qu'ils puissent être, qu'ils
« avaient adossés ou appuyés sur les murs de l'église de Saint-
« Jean de Tarbes, comme aussi à laisser entre leur terrain et
« ladite église un espace et distance de 19 décimètres ; que c'est
« dans ce sens qu'elle avait conclu en première instance et en
« appel ; attendu qu'une telle demande avait pour objet la ces-
« sation d'une usurpation ou servitude que la fabrique préten-
« dait exister et être nuisible à l'église ; — attendu, en droit,
« que si, aux termes de l'avis du conseil d'État du 2 pluviôse
« an XIII, les églises sont considérées comme propriétés com-
« munales, il résulte de la loi précitée, comme du décret posté-
« rieur du 30 décembre 1809, qu'elles ont été remises à la dis-

Cette doctrine nous paraît avoir le triple mérite, d'être en parfaite harmonie avec le texte et l'esprit de l'article 76 de la loi du 18 germinal an X et du décret du 30 décembre 1809 , de se concilier d'une manière facile et rationnelle avec les principes de la domanialité publique des églises, et de donner une satisfaction légitime à tous les intérêts engagés dans de pareils débats.

VI

Nous venons d'établir au profit des fabriques que leurs droits d'action en ce qui concerne les édifices du culte ne sont pas réduits aux droits de l'usufruitier de la loi civile. Nous ne serons que logique, en disant que leurs obligations, par voie de conséquence, excèdent aussi celles d'un simple

« position des évêques, et que les fabriques ont été chargées
« de veiller à leur entretien et à leur conservation ; attendu
« qu'il suit de là qu'à ce dernier titre, la fabrique demanderesse,
« dûment autorisée, avait qualité pour intenter l'action ci-dessus,
« telle qu'elle était formulée ; attendu néanmoins que l'arrêt
« attaqué (arrêt de la cour de Pau du 12 août 1851), sans se
« fonder sur aucun des moyens opposés à la demande, a pure-
« ment et simplement rejeté pour défaut de qualité et déclaré
« nulle et non avenue, par ce motif unique, l'instance introduite
« par la fabrique, ainsi que l'intervention en appel de la ville
« de Tarbes aux mêmes fins ; en quoi ledit arrêt a expressément
« violé les dispositions ci-dessus visées ; — casse. » Du 15 novembre 1853, cour de cassation, ch. civile, *fabrique de l'église de
Saint-Jean de Tarbes* c. *Gonnez* (Sirey , 54, 1 , 111 ; Journal du
Palais , 55 , 2, 151).—*Voir* ci-dessus pages 35 et 41.

usufruitier relativement aux charges qu'entraine la conservation de ces édifices.

Toutes les fois que les revenus assurés à la fabrique par le décret du 30 décembre 1809, afin de lui permettre de pourvoir aux divers besoins du culte dans la paroisse, ne sont pas épuisés, toutes les fois que ces revenus suffisent, la fabrique est tenue non-seulement des réparations locatives et d'entretien, mais en outre des grosses réparations de l'église.

Y a-t-il au contraire insuffisance des revenus de la fabrique? Dans ce cas, la commune, obligée de fournir une église à la paroisse, est aussi tenue de subir la charge de toutes ces réparations, des réparations d'entretien, comme des grosses réparations.

Telle est la double règle qui résulte des articles 37 § 4 et 46 *in fine* du décret de 1809 auxquels la loi du 18 juillet 1837 sur l'administration municipale (article 30 n° 16 [1]), s'est bornée à se référer.

L'article 37 du décret de 1809 porte que « les « charges de la fabrique sont.... 4° de veiller à « l'entretien des églises, presbytères et cime « tières, et, *en cas d'insuffisance des revenus de la* « *fabrique*, de faire toutes diligences nécessaires « pour qu'il soit pourvu aux réparations et con-

[1] Ainsi conçu : « Sont obligatoires les dépenses suivantes... « 16° Les grosses réparations aux édifices communaux, sauf « l'exécution des lois spéciales concernant les bâtiments mili « taires et les édifices consacrés au culte ».

« structions, ainsi que le tout est réglé au para-
« graphe III ».

L'article 46 du même décret qui fixe l'ordre
dans lequel les articles de dépenses doivent être
classés au budget de la fabrique, se termine ainsi :

« La portion de revenus qui restera après cette
« dépense acquittée servira au traitement des
« vicaires légitimement établis; *et l'excédant, s'il*
« *y en a, sera affecté aux grosses réparations des édi-*
« *fices affectés au service du culte.* »

L'obligation des fabriques aux grosses réparations est bien formellement établie par ces deux
textes du décret de 1809.

Il est vrai que les articles 92 et 93 [1] du même
décret relatifs aux *charges des communes relative-*
ment au culte, ne mentionnent pas l'insuffisance des

---

[1] « Article 92. — Les charges des communes relativement au
« culte sont : 1o de suppléer à l'insuffisance des revenus de la
« fabrique, pour les charges portées en l'article 37 ; 2o de four-
« nir au curé ou desservant un presbytère, ou, à défaut de pres-
« bytère, un logement, ou, à défaut de presbytère et de loge-
« ment, une indemnité pécuniaire; 3o de fournir aux grosses
« réparations des édifices consacrés au culte ». — « Article 93.
« Dans le cas où les communes sont obligées de suppléer à l'in-
« suffisance des revenus des fabriques pour ces deux premiers
« chefs, le budget de la fabrique sera porté au conseil municipal
« dûment convoqué à cet effet, pour y être délibéré ce qu'il
« appartiendra. La délibération du conseil municipal devra être
« adressée au préfet, qui la communiquera à l'évêque diocésain,
« pour avoir son avis. Dans le cas où l'évêque et le préfet
« seraient d'avis différents, il pourra en être référé, soit par
« l'un, soit par l'autre, à notre ministre des cultes ».

revenus des fabriques à propos de l'obligation des communes *de fournir aux grosses réparations des édifices consacrés au culte*.

Mais l'article 94 [1] qui suit ces deux textes en a certainement complété les dispositions dans le sens des articles 37 et 46 du décret.

L'obligation des fabriques aux grosses réparations des églises, dans la mesure de leurs excédants de revenus, n'est donc pas douteuse.

Aussi cette obligation, sauf de rares dissidences [2],

---

[1] « *Article 94.* — *S'il s'agit de réparations de bâtiments de quel-* « *que nature qu'elles soient, et que la dépense ordinaire arrêtée par* « *le budget ne laisse pas de fonds disponibles ou n'en laisse pas de* « *suffisants pour ces réparations*, le bureau en fera son rapport au « conseil, et celui-ci prendra *une délibération tendant à ce qu'il* « *soit pourvu par la commune* ; cette délibération sera envoyée « par le trésorier au préfet ».

[2] Carré, *Traité du gouvernement des paroisses* (p. 275), et Mgr Affre, *Traité de l'administration temporelle des paroisses* (7e édition, p. 114, 116 et 120), ont méconnu cette obligation des fabriques. — M. Gaudry, *Traité de la législation des cultes* (t. II, p. 637 et 638), a compris qu'on ne pouvait aller aussi loin sans méconnaître la portée des articles 37, 46 et 94 du décret de 1809 ; il soutient seulement que « lorsqu'il s'agit de grosses ré- « parations, la première obligation, l'obligation directe, est « celle de la commune. Elle doit réparer les églises comme elle « doit les fournir au culte ; mais elle peut exiger que la fabrique « lui fasse connaître le résultat de son compte annuel... S'il en « résulte qu'il y ait un excédant libre sur les revenus, la com- « mune, *par voie d'exception*, exigera que cet excédant soit em- « ployé aux réparations. Cette doctrine n'est pas une innova- « tion ; elle est conforme à l'opinion des anciens auteurs (Van « Espen, *jus ecclesiasticum universale*, t. I, p. 640). C'est ce que

est-elle admise par la généralité des auteurs [1].

C'est aussi en ce sens que s'est prononcée la jurisprudence du conseil d'État et de l'administration [2].

Il n'y a aucune distinction à faire entre les grosses réparations de l'église et celles du presbytère [3].

« disait même le concile de Trente, ch. vii : *In illorum defectum* « *parochianos omnibus remediis opportunis ad prædicta cogant* ». — La solution ainsi donnée par M. Gaudry ne diffère nullement, *au point de vue pratique*, de l'opinion admise par nous avec le plus grand nombre des auteurs et la jurisprudence.

[1] Vuillefroy, v⁰ *Église*, p. 306. — Foucart, 4ᵉ édit., t. III, p. 575. — G. Dufour, 2ᵉ édit., t. V, p. 602. — Aucoc, *École des communes*, 1855, p. 1 et 29. — Davenne, *Régime administratif et financier des communes*, p. 90. — Dalloz, *Répertoire*, v⁰ culte, n⁰ 598. — *Dictionnaire général d'administration* de M. Alfred Blanche, v⁰ commune, p. 361 ; v⁰ fabrique, p. 389. — De Champeaux, *Code des fabriques*, t. II, p. 519. — *Journal des conseils de fabrique*, t. I, p. 308. — *Bulletin des lois civiles ecclésiastiques*, t. V, p. 282.

[2] Décision ministérielle du 8 juin 1807. — Avis du conseil d'État des 30 janvier 1833 (*communes de Rosans et de Mongardin*), 27 septembre 1833 (*commune de Noidan*), 14 juillet 1835 (*commune du Gault-Saint-Denis*).

[3] Tous les auteurs cités ci-dessus note 1 donnent indistinctement la même solution en ce qui concerne les presbytères et les églises. — Mgr Affre, *Traité de l'administration temporelle des paroisses* (7ᵉ édit., p. 118), oppose de plus, en ce qui concerne les réparations des presbytères, l'article 21 du décret du 6 novembre 1813 où il est dit : « Le curé est tenu des réparations locatives, les autres sont à la charge de la commune ». M. de Champeaux, *Code des fabriques* (t. II, p. 520, note), constate que « *cette doctrine*, d'après laquelle l'article 21 du décret « de 1813 aurait abrogé les dispositions du décret de 1809, *doit* « *être considérée comme erronée* ». — Un arrêt du conseil d'État du

Il n'y a de sérieuse controverse que sur la question de savoir si, lorsqu'il n'existe pas de presbytère, la commune n'est tenue de subir l'indemnité de logement qu'en cas d'insuffisance des revenus de la fabrique [1]. La jurisprudence nous paraît avoir

24 août 1849, *commune de Hallignicourt* c. *la fabrique*, a jugé que dans le cas d'insuffisance des revenus de la fabrique dûment constatée, la commune est tenue de subvenir aux réparations grosses ou d'entretien du presbytère, lors même que ledit presbytère appartiendrait à la fabrique.

[1] Cette question a été soumise au Sénat dans la séance du 23 mai 1862, par une pétition renvoyée aux ministres de la justice, des cultes et de l'instruction publique, et de l'intérieur, avec l'adhésion du gouvernement.

On objecte dans l'opinion opposée que l'administration elle-même aurait changé de système. Il est vrai que parfois sous la Restauration et notamment dans une lettre du ministre des cultes du 19 janvier 1823, l'administration s'est prononcée en faveur des fabriques. Mais la règle contraire résulte, tant de documents antérieurs (Circulaire du ministre des cultes aux évêques sur la comptabilité des fabriques, du 22 avril 1811 ; circulaire du directeur de la comptabilité des communes aux préfets, du 14 avril 1842 ; circulaire du ministre de l'intérieur du 18 mai 1848), que de documents postérieurs (Lettre du 10 juillet 1833 adressée par le ministre de l'intérieur chargé de l'administration des cultes à un évêque). Le conseil d'État dans un avis donné en assemblée générale le 21 août 1839 (rapporté dans tous les recueils), n'a fait que maintenir ces précédents, en décidant que le décret du 30 décembre 1809 n'a mis la dépense de logement des curés et desservants à la charge des communes qu'à défaut de revenus suffisants des fabriques ; il décide en outre que la loi d'administration communale du 18 juillet 1837 (art. 30, n° 14), n'a pas entendu y déroger ; il constate enfin que l'autorité administrative est seule compétente à l'exclusion de l'autorité judi-

résolu, à bon droit, cette controverse dans le même sens que la précédente ; l'article 93 [1] du décret de 1809 consacre, suivant nous, l'obligation des fabriques et le principe équitable que la caisse communale ne doit supporter les charges du culte qu'en cas d'insuffisance de la caisse spéciale créée pour pourvoir aux intérêts de ce culte. Cette controverse du reste ne se rattache qu'indirectement à notre sujet puisqu'il n'existe pas, dans l'espèce,

ciaire pour décider quelles sont les charges imposées à cet égard aux communes et aux fabriques. Le conseil d'État a statué dans le même sens au contentieux, le 21 août 1848, *fabrique de Saint-Epre de Nancy*, et le 14 mai 1858, *fabrique de l'église d'Argentan*. (Un arrêt du conseil du 29 juin 1850, *Hugony*, a rejeté le recours d'un desservant en cette matière pour défaut de qualité.)

Voir dans le même sens : Dufour, 2e édit., t. V, p. 597 ; — Davenne, p. 17 ; — et surtout les articles de MM. Boulatignier (*l'école des communes*, 1845, p. 7 et 36) et Aucoc (*Revue critique de législation*, t. XIII, p. 16, et *l'école des communes*, 1862, p. 141) dont les recherches ont jeté sur cette question d'abondantes lumières. — M. de Champeaux, *Code des fabriques* (t. II, p. 489 à 509), présente un exposé complet de la controverse et conclut en disant que le décret de 1809 tranche la question en faveur des communes, mais qu'il eût trouvé préférable la solution contraire.

Voir en sens contraire : Dijon, 1er juillet 1837 (*ville de Dijon*); cour de cassation, 7 janvier 1839 (*ville de Dijon*); rapportés dans tous les recueils. — Foucart, 4e édit., t. III, p. 575 : — Gaudry, *Traité de la législation des cultes*, t. II, p. 641 ; — Mgr Affre, 7e édit., p. 117 ; — Batbie, *Journal du droit administratif*, 1854, p. 348.

[1] Rapporté ci-dessus, page 52 en note.

d'édifice dont il soit cas d'examiner la domanialité, l'indemnité de logement en tenant lieu.

Mais, en cas d'insuffisance des revenus de la fabrique, l'obligation de la commune de supporter les charges dont nous venons de parler est générale et absolue. Aussi son obligation, relative aux dépenses de réparations de l'église, s'applique-t-elle à toute espèce d'église légalement ouverte à l'exercice du culte paroissial, sous l'un des titres de cure, succursale, chapelle vicariale, de chapelle de première ou de seconde classe.

La dépense est *obligatoire* pour la commune ; le préfet peut l'inscrire d'office au budget de la commune, si le conseil municipal refuse de la voter ; et, en cas de nécessité, la dépense sera même acquittée à l'aide d'une imposition extraordinaire [1].

Ce ne sont pas seulement les réparations, c'est aussi l'élargissement et même la reconstruction totale de l'église qui, en cas d'insuffisance des ressources de la fabrique, sont obligatoires pour la commune et peuvent lui être imposés d'office [2].

Ce pouvoir implique même le droit de faire reconstruire l'église sur un autre emplacement, et, si cet emplacement n'appartient pas à la commune, d'en ordonner d'office l'acquisition. Toutefois la

[1] Décision ministérielle, *Bulletin du ministère de l'intérieur*, 1862, n° 24.

[2] Conseil d'État, 7 février 1856, *commune de Buxerolles*.—Décision ministérielle, *Bulletin*, 1861, n°s 33 et 41.

jurisprudence du ministère de l'intérieur [1] en poussant jusqu'à ce point la charge qui, de ce chef, pèse sur les communes, rappelle que ces mesures coercitives doivent être tout à fait exceptionnelles, qu'on ne doit y recourir qu'en cas de nécessité absolue et seulement au cas où la restauration de l'église est complétement impossible.

Mais une commune voudrait en vain s'opposer à ce qu'une fabrique fasse démolir et reconstruire son église, lorsque cette fabrique a été régulièrement autorisée à contracter un emprunt pour y pourvoir. Le conseil d'État [2] fonde cette décision sur ce que les autorisations données ne confèrent à la fabrique aucun droit de propriété sur les constructions nouvelles et sont uniquement rendues dans le but de pourvoir aux besoins du culte de la circonscription de la succursale.

Exécutés au nom de la commune ou de la fabrique, tous les travaux de réparation, d'élargissement ou de construction de l'église régulièrement commandés constituent des *travaux publics* [3]. Cela

---

[1] Décision ministérielle, *Bulletin*, 1861, n⁰ 50, et plusieurs autres décisions semblables.

[2] Arrêt du conseil d'État, 7 mai 1863, *commune de Meudon*.

[3] Il y a sur ce point jurisprudence constante ; nous ne citons qu'à titre d'exemple un arrêt du conseil d'État du 23 juin 1864 qui a fait de ce principe l'application suivante : « Sur la com-
« pétence : — considérant *que les travaux de réparation des églises*
« *ont le caractère de travaux publics*, et que ces travaux com-
« prennent l'œuvre d'art de l'architecte chargé de la rédaction
« des plans et devis ; considérant que la réclamation du sieur

résulte de leur incontestable caractère d'utilité publique ; par suite, la législation relative aux travaux publics et principalement les dispositions de l'article 4 de la loi du 28 pluviôse de l'an VIII, sur la compétence des conseils de préfecture, leur sont applicables.

De même s'il était nécessaire d'acquérir un terrain pour les travaux de construction ou d'élargissement de l'église, la commune (l'État, s'il s'agissait d'une cathédrale) pourrait recourir à l'expropriation pour cause d'utilité publique.

Il pourrait en être ainsi, même pour l'acquisition d'un immeuble destiné à faire le presbytère ou le palais épiscopal [1] ; et les travaux concer-

« Narjaux est relative au règlement des honoraires qui seraient « dus à cet architecte, pour le projet de restauration de l'église « de Saint-Yrieix ; qu'il a préparé sur la demande du maire de « ladite ville ; que, dès lors, il appartenait au conseil de préfec- « ture, en vertu de l'article 4 de la loi du 28 pluviôse de « l'an VIII, de statuer sur cette réclamation... »

[1] *L'utilité publique* de l'opération qui seule doit être appréciée par le gouvernement pour que l'expropriation soit permise (article 545 code Nap. ; loi du 3 mai 1841 ; sénatus-consulte du 25 décembre 1852, art. 4), est complétement indépendante de la domanialité dont l'immeuble sera légalement investi lorsqu'il aura reçu la destination projetée. Nous avons démontré ailleurs cette absence de concordance, malgré l'avis contraire de quelques auteurs, entre l'idée de *domanialité publique* et celle d'*utilité publique* qui suffit à la fois pour rendre possible l'expropriation et pour imprimer aux travaux le caractère de travaux publics (Notre *Traité des ventes domaniales*, pages 140 à 148, et notre article de la *Revue critique de législation*, t. 27, p. 340 à 343).

nant ces édifices peuvent présenter également le caractère de travaux publics.

La répartition des charges qu'entraînent les travaux des églises peut se faire dans trois hypothèses spéciales :

1º La commune contient une population catholique et une population non catholique plus ou moins considérable ;

2º La paroisse embrasse plusieurs communes ;

3º La commune embrasse plusieurs paroisses.

1º Dans la première hypothèse , la subvention communale est due par toute la commune, quelle que soit la différence pouvant exister entre le culte des habitants et la proportion de la population non catholique [1]. La réciprocité a d'ailleurs été établie en faveur des cultes non catholiques par un décret du 5 mai 1806.

2º Le cas où la paroisse embrasse plusieurs communes est réglé par une loi du 14 février 1810. Toute commune, réunie à une autre pour le culte, est tenue de concourir aux dépenses qu'entraîne cette réunion , et la répartition en sera faite par le préfet, au marc le franc de la contribution personnelle et mobilière. Ces règles s'appliquent aux dépenses de réparations et de construction , comme aux dépenses annuelles, à moins de conventions contraires [2] régulièrement intervenues

---

[1] Avis du conseil d'État, 25 janvier 1832.—Vuillefroy, vº *fabrique*, p. 377.

[2] Arrêt du conseil d'État du 2 mai 1837, *ville de Saint-Étienne.*

entre les communes depuis le rétablissement du culte.

3° Dans la dernière hypothèse, celle où une commune est divisée en plusieurs paroisses, on se demande si les grosses réparations des églises paroissiales, en cas d'insuffisance des revenus de la fabrique, doivent être exclusivement supportées par la fraction de commune renfermée dans la circonscription de chaque paroisse, alors surtout qu'elle constitue une section de commune formant une personne civile distincte de la paroisse elle-même?

La loi sur ce point est muette.

A l'origine, le conseil d'État et l'administration résolvaient cette question par l'affirmative.

Mais, en 1858, un avis de l'assemblée générale du conseil d'État, du 9 décembre [1], a considéré que le texte des lois spéciales sur les dépenses du culte n'autorise pas cette dérogation au principe de l'unité communale, et que chaque commune doit suppléer à l'insuffisance des ressources des fabriques dans toute l'étendue de son territoire.

La jurisprudence pratique du ministère de l'intérieur a suivi cette voie nouvelle, et le conseil d'État délibérant au contentieux vient de la confirmer par un récent arrêt [2].

[1] Sirey, lois annotées de 1860, p. 96.
[2] 23 juin 1864, *commune de Riceys*.

Ici s'achève l'accomplissement de ma tâche.

Telle est en résumé, Mesdames et Messieurs, la législation qui régit les édifices du culte catholique.

C'est par l'ensemble des principes et des règles dont je viens de vous présenter le tableau, que nos lois ont pourvu sous ce rapport à la satisfaction des intérêts religieux.

A chaque population catholique elle assure un temple.

Elle assure, au moyen de deux caisses, celle de la fabrique et celle de la commune, auxquelles peuvent venir en aide les subventions des départements et celles de l'État, l'exécution de tous les travaux nécessaires ; ces travaux reçoivent la dénomination légale de *travaux publics*, et il peut être fait usage de l'expropriation pour cause d'utilité publique.

La loi a organisé de la manière la plus large la protection de l'édifice religieux contre les tentatives d'usurpation, en lui donnant deux gardiens intéressés à sa défense.

Elle l'a doté de la domanialité publique, et avec elle des garanties exceptionnelles qui en dérivent, l'indisponibilité, l'inaliénabilité, l'imprescriptibilité.

Ce n'est pas tout encore : indépendamment des dispositions largement protectrices des lois civiles et administratives, les églises sont aussi placées sous la sauvegarde de la loi pénale.

L'article 257 du Code pénal et les peines qu'il prononce sont applicables à quiconque dégraderait une église, la plus modeste comme la plus grandiose; malgré l'opinion contraire d'éminents criminalistes[1] que la jurisprudence[2] ne suit pas dans cette voie restrictive d'une protection nécessaire, la loi pénale, comme les autres parties de notre législation, a placé la nature et l'*utilité*[3] de l'affectation des choses avant leur caractère artistique d'objets destinés à la *décoration publique*.

[1] MM. Chauveau et Faustin Hélie (*Théorie du code pénal*, 4e édit., t. III, p. 233, n° 925), et Morin (*Répertoire de droit criminel*, v° monuments) ont cru devoir restreindre l'application de cette disposition aux constructions qui peuvent être considérées comme des œuvres d'art.

[2] Cour de cassation, arrêt du 4 novembre 1851 (*cité* par MM. Chauveau et Hélie). — Nous avons combattu l'opinion de ces savants auteurs dans notre *Traité des édifices publics*, p. 14, 15 et 16. — M. Dalloz (*Répertoire*, v° dommage, n° 147) s'est expliqué dans le même sens que nous.

[3] Voici le texte de l'article 257 du code pénal : « Quiconque « aura détruit, abattu, mutilé ou dégradé des monuments, sta- « tues et autres objets destinés à l'utilité ou à la décoration « publique, et élevés par l'autorité publique ou avec son auto- « risation, sera puni d'un emprisonnement d'un mois à deux « ans, et d'une amende de cent francs à cinq cents francs ». — Cette disposition serait également applicable aux dégradations commises à un palais épiscopal ou presbytère.

Si, du texte de ces dispositions et de leurs effets que nous croyons sagement et libéralement protecteurs, nous nous élevons à la pensée supérieure qui les a dictés, nous reconnaîtrons sans peine que le législateur n'a réglé ainsi l'ordre matériel que pour faire régner l'ordre moral; qu'il n'a garanti le temporel des édifices, qu'afin d'y mieux assurer la dignité, l'honneur, la liberté du culte.

La loi répressive nous le prouve encore dans les articles 260 à 264 du Code pénal, qui punissent les *entraves au libre exercice des cultes*. Ces articles nous semblent être, avec l'article 257, le corollaire des lois administratives et civiles sur la domanialité des édifices religieux.

Ces mêmes textes du Code pénal ne sont pas seulement applicables à nos églises.

Ils nous eussent rappelé (si nous l'avions jamais oublié) que près d'elles il y a des temples non catholiques que ces textes [1] protègent aussi.

---

[1] D'après l'article 260 du code pénal, les articles 260 à 264 répriment les entraves au libre exercice *de l'un des cultes autorisés*, ce qui comprend non-seulement le culte catholique et les trois autres cultes reconnus en France (culte réformé, confession d'Augsbourg, culte israélite), mais aussi les cultes non reconnus par l'État, dont l'exercice public aurait été autorisé dans les formes prescrites par le décret du 19 mars 1859. — Il en serait évidemment de même de l'application de l'article 257 à toute dégradation commise contre un temple ouvert, en vertu d'une autorisation régulière, aux cérémonies d'un culte même non reconnu par l'État : telle est par exemple l'église grecque (de Russie) élevée à Paris depuis quelques années non loin de

Forcé de nous restreindre dans les limites d'une conférence déjà longue, si nous n'avons parlé que des édifices du culte qui est celui de l'immense majorité des Français, nous n'avons pas oublié que la liberté des cultes forme l'une des bases fondamentales du droit public de notre pays; et nous applaudissons à ces textes du Code de 1810, qui, s'inspirant du grand principe de la liberté de conscience, respectant le droit et la foi de chacun, sauvegardent l'ordre matériel et l'ordre moral dans tous les temples.

l'arc de triomphe de l'Étoile; il en est ainsi de tout autre temple monumental ou non dont l'ouverture a été régulièrement autorisée, *bien qu'il n'appartienne pas à un culte reconnu par l'État* (*Voir* dans notre *Cours de droit administratif*, 2e éd., p. 257 à 280, les différences entre les cultes reconnus et les cultes non reconnus par l'État); mais les principes que nous avons appliqués aux églises catholiques (ci-dessus page 15) disent assez que l'on ne peut classer ces temples dans le domaine public.

TABLE DES MATIÈRES.

FIN DE LA TABLE.

Poitiers, typ. OUDIN.

www.ingramcontent.com/pod-product-compliance
Lightning Source LLC
Chambersburg PA
CBHW071327030726
47594CB00002B/569